IMAGEM DIGITAL APLICADA

JOÃO VICTOR BOECHAT GOMIDE

IMAGEM DIGITAL APLICADA

Uma abordagem para estudantes e profissionais

ELSEVIER

CAMPUS

Copidesque: Queni Winters

Revisão: Iara Arakaki

Editoração Eletrônica: Herbert Junior / NewUsina

Elsevier Editora Ltda.
Conhecimento sem Fronteiras
Rua Sete de Setembro, 111 – 16º andar
20050-006 – Centro – Rio de Janeiro – RJ – Brasil

Rua Quintana, 753 – 8º andar
04569-011 – Brooklin – São Paulo – SP – Brasil

Serviço de Atendimento ao Cliente
0800-0265340
atendimento1@elsevier.com

ISBNISBN 978-85-352-7460-8 e ISBN 978-85-352-7461-5

CIP-BRASIL. CATALOGAÇÃO-NA-FONTE
SINDICATO NACIONAL DOS EDITORES DE LIVROS, RJ

G62i

Gomide, João Victor Boechat
Imagem digital aplicada: uma abordagem para estudantes e profissionais / João Victor Boechat Gomide. - 1. ed. - São Paulo : Elsevier, 2014.
il. ; 24 cm.

ISBN 978-85-352-7460-8

1. Fotografia - Técnicas digitais. 3. Processamento de imagens - Técnicas digitais. I. Título.

13-06841 CDD: 006.686
CDU: 006.686

05/11/2013 06/11/2013

Na fotografia digital, hoje,
a qualidade da imagem é superior à do filme.
Sebastião Salgado, fotógrafo

Aos meus filhos, Pedro e Paola, e à Cristina.

APRESENTAÇÃO

O autor disponibiliza, através da presente obra, para o grande público, a sua experiência de docente, investigador e consultor no domínio da pós-produção no audiovisual.

Este livro contém conceitos e conhecimentos teóricos básicos, incluindo exemplos didáticos, bem como ensinamentos práticos para o desenvolvimento de aplicações envolvendo imagens e sequências de imagens que precisem ser trabalhadas.

O livro apresenta um vasto conjunto de informações atualizadas sobre técnicas e equipamentos que consideramos ser de grande validade para os estudantes de artes, comunicação, computação, arquitetura e engenharia, cursando disciplinas como Processamento de Imagens, Computação Gráfica e Jogos Digitais.

Muitos dos assuntos abordados no livro são o resultado direto da experiência do autor na prática de investigação nesse domínio. Esse aspecto é muito importante, pois permite fazer uma conexão eficiente entre a teoria acadêmica e o mundo das realizações práticas.

Fazemos votos de que esta obra seja bem aproveitada na formação de estudantes e como fonte de referência para aplicações das imagens digitais.

Dr. Arnaldo de Albuquerque Araújo
Professor Associado do Departamento de Ciência da Computação da Universidade Federal de Minas Gerais e Coordenador do Núcleo de Processamento Digital de Imagens, NPDI/DCC/UFMG.

PREFÁCIO

Foi com satisfação que aceitei o convite do João Victor para escrever o prefácio do livro *Imagem digital aplicada*. Eu o conheci em 2001, na pré-produção do programa *Sítio do Picapau Amarelo*. Ele fez os estudos de viabilidade dos personagens virtuais do Visconde de Sabugosa e da Emília, animados com a captura de movimento, que eu solicitei na época ao Departamento de Efeitos da TV Globo. A partir daí, sempre voltamos a conversar sobre a imagem e a discutir ideias. Depois de retornar a Belo Horizonte, o João continuou a fazer pesquisa com a imagem digital e a captura de movimento, em uma abordagem mais acadêmica.

Desde 1979 venho estudando Computação Gráfica e Visão Computacional. Uma das maiores referências de CG criada na TV Globo é a abertura do Fantástico de 1994. Também na década de 1990 iniciamos estudos na área de Visão Computacional, criando os personagens virtuais para o programa *Bambuluá*, o Senhor Dubem e o Senhor Dumal, utilizando tecnologia eletromagnética que permitia detecção de posição e orientação dos alvos com seis graus de liberdade. Recentemente criamos a mesa tática e o campo virtual, que foram lançados na Copa das Confederações, o tira-teima virtual, o

Globolinha e a composição e inserção de logos e imagens em transmissões ao vivo, com as câmeras e os elementos gráficos em movimento. As aplicações possíveis com a imagem digital estão se expandindo rapidamente, com a evolução contínua dos algoritmos e do hardware. A captura de movimento e a captura de performance tiveram um avanço imenso nessa última década. Essa técnica, que faz parte da visão computacional, está voltando a ser usada nos meus projetos atuais.

O livro *Imagem digital aplicada* é muito importante nesse contexto tão amplo que a imagem digital permite e contribui para a formação dos profissionais que trabalham com ela, sejam videografistas, editores, produtores de efeitos visuais, desenvolvedores de jogos digitais, artistas gráficos, coloristas ou pesquisadores. Os conceitos mais importantes sobre os quais a imagem digital está sendo construída continuam os mesmos. E eles são a base para qualquer criação e invenção. É a partir do entendimento deles que as inovações e as novas tecnologias que aparecem cada vez mais rapidamente devem ser compreendidas. E isso é de interesse central para o profissional que trabalha nessa área. O livro constrói esses conceitos e discute a cinematografia digital e as diversas aplicações da imagem digital nesse campo que está em plena renovação.

O texto flui naturalmente e apresenta todo o cenário atual da imagem digital, sem entrar nas complexidades do tratamento matemático. Mas o rigor e a exatidão com que são abordadas essas complexidades atende ao que o artista e o técnico que lidam com a imagem buscam. Essa obra tornou-se possível pela diferenciada experiência profissional e acadêmica do autor.

Desejo sucesso neste projeto e que ele cumpra o seu destino, que é o de formar e provocar o debate sobre esse tema tão instigante.

José Dias Vasconcellos de Assis
Diretor Geral de Pesquisa e Desenvolvimento da TV Globo

INTRODUÇÃO

Este livro começou a ser preparado há mais de dez anos, quando eu estava trabalhando diretamente com a manipulação da imagem digital em produções audiovisuais e percebia que o conhecimento sobre os fundamentos da imagem não eram muito difundidos em todos os ambientes em que estive, seja emissoras de televisão ou produtoras de cinema e de publicidade. A abordagem técnica mais aprofundada da imagem quase sempre envolve modelagens matemáticas e conhecimento especializado, com um nível muito acima do que os técnicos e artistas precisam ao trabalhar diretamente na produção e realização da obra audiovisual. E os fundamentos que estão nessa abordagem técnica interessa e enriquece a produção. Os equipamentos têm uma interface amigável e são fáceis de operar, mas muitos artefatos e problemas são introduzidos ao se manipular a imagem e muitas soluções poderiam ser mais simples e eficazes.

Ao longo desses anos, sempre achei que seria muito produtivo publicar um manual que abordasse os conceitos e as sutilezas da imagem e, partindo desse referencial, procurar entender a imagem digital e suas aplicações. O material que fui escrevendo em artigos e textos durante o mestrado e o doutorado em artes visuais permitiram então concluir este projeto. Nesse período pude rever tecnicamente e atualizar a minha prática de mais de quinze anos de trabalho em produtoras de conteúdo e de publicidade, em emissoras de televisão, como a TV Globo do Rio de Janeiro, em montagem para cinema e, mais recentemente, no desenvolvimento de jogos digitais.

O livro é dedicado ao profissional que trabalha diretamente com a imagem em produção, seja ele técnico ou artista, e ao estudante que está se preparando para entrar no mercado de trabalho. Esses profissionais têm acesso restrito a informações mais técnicas, por causa das ferramentas matemáticas. Espero que o livro transmita essas informações e os fundamentos de forma interessante e correta.

Este trabalho também pretende atender o pesquisador que quer conhecer as etapas da produção e o modo como a sua pesquisa é aplicada. Os pesquisadores e o pessoal acadêmico no Brasil, em geral, não conhece o *workflow* para a produção audiovisual. A troca de informações entre esses dois setores seria muito construtiva para a produção audiovisual no país, como é em diversos lugares pelo mundo. A Industrial Light and Magic e os Estúdios Disney, nos Estados Unidos, a Weta Digital, na Nova Zelândia, e o Departamento de Pesquisa e Desenvolvimento da TV Globo são exemplos do sucesso da sinergia entre essas equipes.

O livro foi dividido em sete capítulos, em uma sequência lógica. O Capítulo 1 procura definir o conceito de imagem e estuda a visão, a percepção das cores, a projeção da imagem e as ilusões de óptica. Essa é a base para entender a experiência subjetiva do espectador e a forma em que a imagem digital é construída e manipulada. O Capítulo 2 aborda a geração da imagem, a imagem pré-digital e os primeiros passos da imagem digital. No Capítulo 3, a imagem digital é apresentada, com estudos sobre as etapas para a sua construção e processamento, de acordo com as demandas tecnológicas de cada época de sua evolução. Os conceitos da imagem digital que são apoiados nas características da visão são discutidos nesse capítulo.

A cinematografia digital é apresentada no Capítulo 4. As polêmicas sobre a cinematografia que surgiram com a expansão do uso de recursos digitais são abordadas. Todas as etapas da produção cinematográfica foram profundamente modificadas pela representação da imagem por bits. Atualmente temos dois *pipelines* para a cinematografia, um químico e o outro digital. Essas questões são discutidas nesse capítulo, para cada uma das etapas da produção cinematográfica, comparando os dois *pipelines*. Muitas vezes o fascínio pelas novidades técnicas nessas fases de transição tecnológica, como quando o cinema ganhou o som, faz esquecer que a finalidade da cinematografia é ajudar a contar uma história e a criar uma experiência.

O Capítulo 5 é dedicado aos efeitos visuais, que se tornaram mais simples e poderosos com os recursos digitais. Os efeitos visuais são recursos utilizados como apoio à narrativa no audiovisual, tanto na realização artística quanto na técnica. Neles incluem-se as trucagens ópticas e digitais, as animações tradicionais ou criadas por computador, que podem interagir com imagens reais, e toda a parafernália mecânica e eletrônica utilizada junto à imagem capturada, para que um roteiro se transforme em um produto audiovisual, seja ele um filme, um programa de televisão, um jogo ou outro tipo de aplicação interativa.

Os precursores e ainda eficientes efeitos oncamera e os efeitos ópticos são apresentados na introdução. O canal alfa da imagem digital é discutido logo depois, com a sua aplicação para a composição de imagens. O histograma, que é uma ferramenta poderosa para a correção de cores, também é estudado. Em seguida, as origens técnicas de diversos tipos de efeitos visuais são apresentadas de uma forma mais qualitativa, mostrando também técnicas e ferramentas com exemplos de produções.

O Capítulo 6 aborda a animação de personagens e a captura digital de movimento. A animação é uma área que tem evoluído rapidamente com a imagem digital e isso tem impactado as produções de todo tipo. A captura digital de movimento vem somar a essa transformação. A técnica tem ainda uso muito restrito em produções no Brasil devido aos altos custos e à *expertise* associada. Novas soluções eficientes e de baixo custo têm aparecido.

Em uma linha de pesquisa que coordeno no Laboratório de Captura de Movimento da Universidade FUMEC, com a colaboração fundamental do Núcleo de Processamento Digital de Imagens da Universidade Federal de Minas Gerais (NPDI/UFMG), coordenado pelo Prof. Dr. Arnaldo de Albuquerque Araújo, que me orientou no doutorado e apoiou generosamente todas as etapas desta pesquisa, desenvolvemos o primeiro software de captura de movimento em tempo real de código aberto do mundo, o OpenMoCap. A parte principal do código-fonte foi escrito durante o projeto de dissertação do mestrado de David Lunardi Flam. O momento em que qualquer pessoa poderá instalar as suas câmeras no computador e fazer a captura de movimento para animação a baixo custo está muito próximo e o OpenMoCap pode ser protagonista nessa transição. As possibilidades abertas para novas soluções realizadas de forma colaborativa em projetos abertos, como o Blender, por exemplo, ou semiabertos, como o Kinect, têm impactado o desenvolvimento e a produção na indústria da imagem.

A evolução das técnicas de animação desde os primeiros tempos é apresentada na parte inicial do capítulo, incluindo os 12 princípios da animação. A computação gráfica e o surgimento da técnica de captura de movimento são discutidos a partir desse referencial, privilegiando as utilizações da técnica ao longo dos tempos. Conquistas recentes para a consolidação da técnica como ferramenta confiável, que receberam o nome de captura de performance, é então introduzida, com destaque para os indivíduos e equipes que provocaram os maiores saltos de qualidade no uso da técnica. O detalhamento de cada etapa a ser realizada na preparação e aplicação da técnica da captura óptica de movimento na produção de animações é estudado. Uma rápida apresentação do software OpenMoCap conclui o capítulo.

No último capítulo, são discutidas novas tendências das aplicações de imagem digital, com ênfase para os jogos digitais, o matchmoving, a realidade aumentada, a vetorização da imagem e os recentes usos do sensor Kinect. São muitos os desdobramentos recentes das aplicações da imagem digital, como o reconhecimento de padrões e a mineração de dados de imagens diretamente dos arquivos de imagem. Essas linhas de pesquisa e inovação fazem parte da computação gráfica e do processamento digital de imagem, de onde têm surgido as aplicações mais interessantes e úteis.

Diante de um tema tão amplo como o tratado neste livro, algumas decisões de exclusão de conteúdo tiveram que ser tomadas. A produção e a projeção estereoscópica em 3D, por exemplo, com duas câmeras e dois projetores, não é abordada no livro. A produção de filmes com projeção estereoscópica surge como tendência em diversos momentos da história do audiovisual, desde a primeira exibição para o cinema em 1915. Recentemente, a partir de 2008, esta tendência invadiu as salas de cinema. Neste período discutiu-se muito o futuro da televisão em 3D, mas o que se vê hoje é uma diminuição desse debate e desse tipo de produção, que continuará ainda a ter grande importância em nichos específicos do audiovisual.

Outro tema excluído é sobre o High Dynamic Range (HDR), que pode ser traduzido como Grande Alcance Dinâmico, e é utilizado na fotografia, na computação gráfica e no processamento digital de imagens para aumentar o alcance dinâmico. O alcance dinâmico é discutido no Capítulo 3, mas o HDR não foi aprofundado.

Grande parte das ilustrações deste livro foram criadas e realizadas pela equipe de produção da FUMEC Virtual, durante o desenvolvimento do material didático da disciplina a distância "Imagem Digital". A equipe é coordenada pelo Rodrigo Tito, com a participação de Marcela Scarpelli e Raphael Nascimento.

Este livro é resultado de um contínuo aprendizado que tive a oportunidade de empreender, compartilhando o trabalho com diferentes profissionais, em equipes dos mais variados portes, de duas a centenas de pessoas, tanto na produção audiovisual quanto na pesquisa acadêmica. Muitos desses colegas foram muito importantes na minha formação profissional e gostaria de agradecê-los especialmente, mesmo sabendo que alguns nomes não estão mencionados por esquecimento do momento: Alonso Gonçalves, Arnaldo de Albuquerque, Arnaldo Duarte, Astréia Soares, Bárbara Barroso, Carlos Ebert, José Dias, Doc Comparato, Éder Santos, Eduardo Martins, Fabrício Mamberti, Fred Mayrink, Geninho, Henrique Leiner, José Luiz Villamarim, Júlio Pessoa, Lélis, Luiz Velho, Marcello Marques, Marcelo Brandão, Marcelo Nepomuceno, Márcio Miguel, Matt Costelo, Patrícia Tebet, Ricardo Tolentino, Rita Capucho, Roberto Talma, Rogério Gomes Papinha, Rogério Velloso, Suzana Ferreira, Taulio Mello e Toni Cid.

SUMÁRIO

APRESENTAÇÃO ix

PREFÁCIO xi

INTRODUÇÃO xiii

CAPÍTULO 1: LUZ E IMAGEM 1

1.1.Imagem e computação gráfica 1

1.2. Luz e cores 7

1.3. Visão 12

1.4. Projeções de câmeras – câmera pinhole 18

1.5. Ilusões de óptica 21

CAPÍTULO 2: GERAÇÃO DA IMAGEM 25

2.1. Introdução 25

2.2. Imagem pré-digital 26

2.3. Origens da imagem digital 31

2.4. Imagens em movimento 34

CAPÍTULO 3: IMAGEM DIGITAL 39
3.1. Imagem raster e imagem vetorial 39
3.2. Etapas para a formação da imagem digital 45
3.3. Resolução espacial, profundidade de cor e alcance dinâmico 50
3.4. Profundidade de campo e tamanho dos sensores 52
3.5. Cadência das imagens 53
3.6. Pulldown 54
3.7. Codificação e decodificação da imagem (codec) 55
3.8. Formatos de imagens digitais em movimento 59

CAPÍTULO 4: CINEMATOGRAFIA DIGITAL 63
4.1.Pipeline químico e pipeline digital 63
4.2. Edição não linear 66
4.3. Ilhas de edição não lineares 72
4.4. Pós-produção no audiovisual 74
4.5. Câmeras e sensores de 35 mm 79
4.6. Distribuição e projeção 81
4.7. Conclusão 82

CAPÍTULO 5: EFEITOS VISUAIS 85
5.1. Introdução 85
5.2. Evolução das trucagens com imagem 86
5.3. O canal alfa 92
5.4. Histograma 95
5.5. Técnica e arte dos efeitos visuais 96
5.6. Exemplos de produções 101

CAPÍTULO 6: ANIMAÇÀO DE PERSONAGENS E CAPTURA DE MOVIMENTO 105
6.1. Introdução 105
6.2. Arte da animação não digital 108
6.3. Computação gráfica e captura de movimento 114
6.4. Captura digital de movimento 116

6.5. Captura de movimento e captura de performance 122
6.6. Capturando movimento 125
6.7. OpenMoCap 132

CAPÍTULO 7: APLICAÇÕES DA IMAGEM DIGITAL 135
7.1. Processamento gráfico e motores em jogos 135
7.2. Matchmoving 139
7.3. Realidade aumentada 140
7.4. Transformação da imagem raster em imagem vetorial 142
7.5. Kinect e um novo caminho 143
7.6. Perspectivas para pesquisa e produção audiovisual 145

REFERÊNCIAS 147

CAPÍTULO 1

LUZ E IMAGEM

1.1. IMAGEM E COMPUTAÇÃO GRÁFICA

A representação do nosso mundo por imagens é uma atividade realizada pela humanidade desde a Pré-História, certamente com o mesmo deleite que qualquer um sente hoje ao produzir ou se deparar com uma imagem que lhe toca. Ela pode ser capturada ou criada por qualquer pessoa, utilizando a fotografia, o desenho, a pintura, a gravura, a computação gráfica ou qualquer forma artística ou técnica.

Os meios de produção estão acessíveis com facilidade em telefones celulares ou programas de computador. O universo da imagem tem se expandido com os jogos digitais, o cinema digital, a televisão de alta definição, as aplicações interativas, os novos meios para exibição e interação, as projeções em superfícies de qualquer dimensão, a distribuição digital e um imenso mundo novo.

É importante definir um conceito tão vago. É um primeiro passo para começarmos a construir uma base comum para evoluirmos na compreensão de como a imagem digital funciona e para entendermos e usarmos as suas aplicações. A produção e pesquisa em imagens dão-se, na maioria das vezes, de forma colaborativa e com grandes equipes. É fundamental, então, fazer--se compreender e entender o que está sendo proposto na comunicação entre as pessoas.

Nos dicionários encontramos diversas definições de imagem, que dependem da abordagem – se é artística, fotográfica, matemática, física ou filosófica. A nossa abordagem é aplicada a formas artísticas e fotográficas, mas os conceitos matemáticos e físicos da imagem também nos interessam, pois é assim que ela é construída na computação gráfica, nos jogos e na fotografia. A origem da palavra imagem é o termo latino *imago*, que significa a representação visual de um objeto, mesmo que ele seja um objeto abstrato. Podemos, então, adotar essa definição, que é adequada aos usos que lhe vamos atribuir.

A primeira característica a ser notada é que a imagem é bidimensional, diferente da nossa experiência do mundo, que é tridimensional. A imagem é sempre exibida em uma superfície, que tem duas dimensões, diferentemente do volume, que tem três. Diversas técnicas importantes têm sido utilizadas para produzir uma imagem com volume, como a holografia e o efeito Peter, ambos com mais de 50 anos, mas que ainda não são populares. Em última análise, a imagem capturada em cada um dos olhos, na superfície da retina, tem duas dimensões. Muitas instalações artísticas tridimensionais foram feitas aproveitando a profundidade de campo das imagens de vídeo analógico; nesses casos, a imagem era, originalmente, uma projeção em duas dimensões. O conceito de profundidade de campo será apresentado mais à frente; vamos explorar cada nuance da característica bidimensional das imagens produzidas por diferentes meios.

Neste capítulo, serão discutidos os conceitos de luz, cor, projeção e visão, bem como a forma com que a imagem é formada e percebida. Esses conceitos levam-nos às questões sobre como é representada a projeção do espaço tridimensional no fundo da retina, em perspectiva, e como são implementadas as combinações de cores e a projeção no universo dos bits. Essa é a base de tudo que vamos abordar nos próximos capítulos. Esses conceitos são fundamentais para a representação do mundo pela computação gráfica e pela imagem gerada por uma câmera, assim como nos trabalhos de composição e colorização.

Para uma câmera real, a projeção da luz que vem do mundo físico é feita diretamente pela lente e a luz incide no sensor que captura a imagem. Na imagem digital, isso gera um arranjo matricial de pontos, com cor de um só valor definida para cada ponto. Essa imagem digital, que é conhecida como do tipo raster, será discutida no próximo capítulo.

Na computação gráfica, o processo é um pouco mais complexo. A representação do mundo real é feita por vetores, vértices, polígonos, cores e luz, em um modelo matemático. A imagem é obtida por uma matriz de projeção, que define uma câmera sintética no espaço virtual de representação e de implementação computacional. O resultado dessa projeção é a saída do aplicativo, que é uma imagem em um dos formatos existentes, gerada no processo conhecido como render. O render, ou renderização, nada mais é que o processamento computacional de todos os cálculos matemáticos da modelagem da cena, que gerará a imagem do tipo raster. No render, escolhe-se a configuração do que vai ser levado em conta nesses cálculos matemáticos, considerando-se o que deve ser representado na imagem. É possível, por exemplo, não se levar em consideração as sombras ou os efeitos de refração dos objetos semitransparentes. Isso é uma questão de custo/benefício para cada tipo de trabalho, pois o render é uma operação que requer muitos recursos sofisticados de hardware e software para gerar a imagem.

De acordo com Gomes e Velho (2003), a computação gráfica é o conjunto de técnicas e métodos que tratam da manipulação de dados ou imagens no computador, com os dados geométricos gerando a imagem e a imagem, por outro lado, gerando os dados geométricos, como na Figura 1.1.

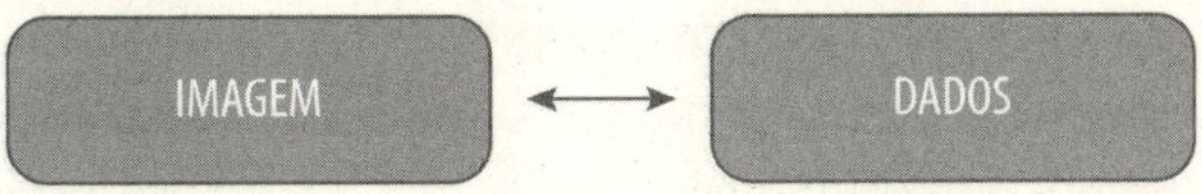

Figura 1.1 – Representação esquemática da definição mais geral da computação gráfica.

Nessa definição, tanto o processamento digital de imagem quanto a visão computacional estão incluídos na grande área da computação gráfica. Detalhando a representação da Figura 1.1, mostra-se o funcionamento esquemático da computação gráfica na Figura 1.2.

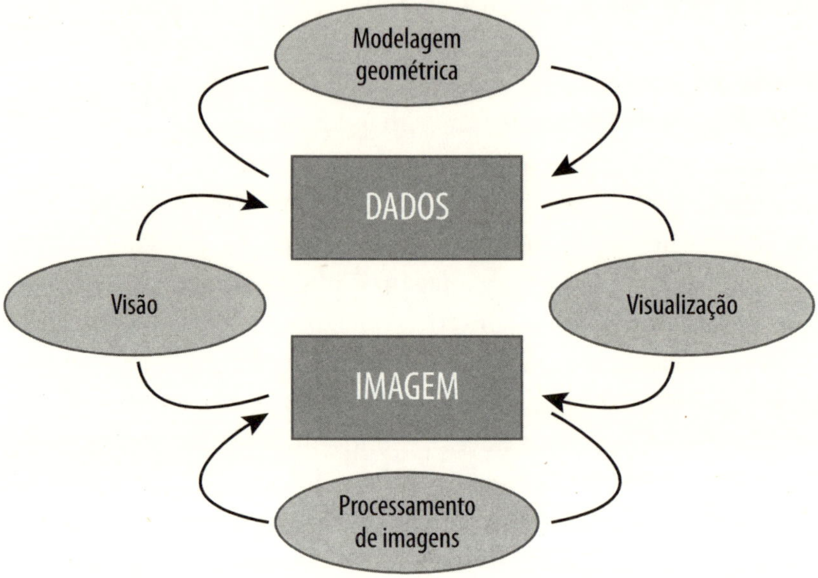

Figura 1.2 – Representação das áreas da computação gráfica, segundo Gomes e Velho (2003).

A descrição e estruturação dos dados em dados geométricos no computador é o objetivo da modelagem geométrica. Nessa área, tem-se o exemplo do desenho assistido por computador (CAD – *computer aided design*). Na visualização, também conhecida como síntese de imagens, os dados gerados por um sistema de mc delagem geométrica são transformados e o produto final é uma imagem que pode ser exibida. Em geral, a construção da imagem é feita por meio de uma câmera sintética que está dentro do espaço abstrato onde se encontram os modelos geométricos. No processamento de imagens, o sistema admite como entrada uma imagem que, após processada, produz outra imagem de saída. Essa é a área da correção de cor e da composição de imagens. Por último, a visão computacional, também conhecida como análise de imagens, tem por finalidade obter, a partir de uma ou várias imagens, informações geométricas, topológicas ou físicas sobre os dados que as originaram.

Se a imagem em movimento é levada em consideração, com os dados variando com o tempo, obtém-se a representação da Figura 1.3.

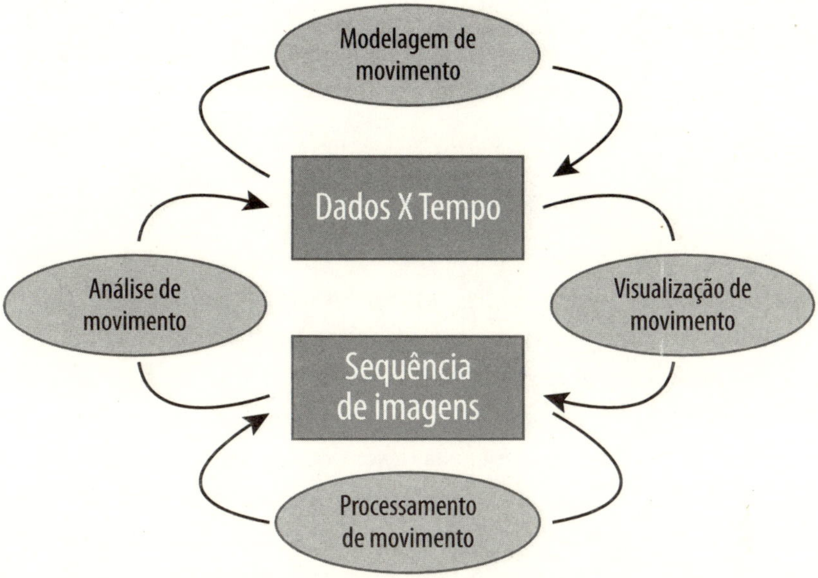

Figura 1.3 – Representação dos dados variando com o tempo e a imagem em movimento na computação gráfica, segundo Gomes e Velho (2003).

Nesse caso, os dados variam com o tempo. Além de modelar a geometria e a topologia dos dados, é necessário descrever o movimento dos objetos em cena. A visualização de movimento é a animação, e o resultado é uma sequência de imagens, ou frames, conhecido como vídeo. O processamento de movimento é o processamento de uma sequência de frames, ou vídeo, e pode auxiliar nos planos da produção do audiovisual, corrigindo cores e alterando o tempo das ações, por exemplo. A análise de movimento envolve a análise de uma sequência de imagens, por meio do fluxo óptico ou de outras técnicas de marcação. Essa é a área do desenvolvimento de um sistema de captura de movimento. Os dados gerados pela captura de movimento são retornados para que a modelagem adequada dos personagens possa realizar as animações planejadas.

De acordo com o paradigma da abstração apresentado por Gomes e Velho (2003), a representação computacional do mundo real passa por quatro transformações, como na Figura 1.4.

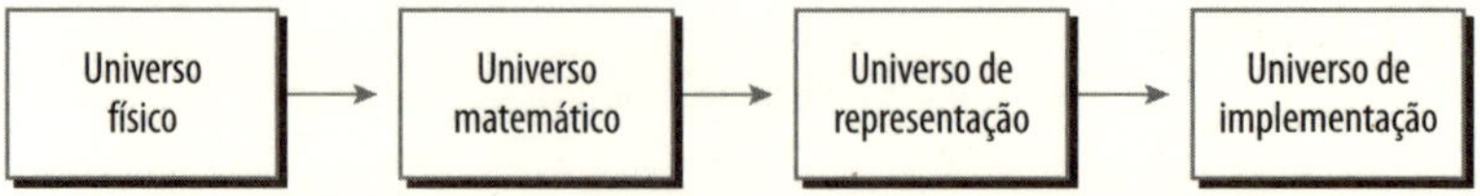

Figura 1.4 – Representação do paradigma da abstração, segundo Gomes e Velho (2003).

O universo físico contém os objetos do mundo real que se pretendem modelar. O universo matemático contém a descrição abstrata desses objetos do mundo físico e das leis físicas que atuam no mundo real. O universo da representação trabalha com as descrições simbólicas e finitas associadas a objetos do universo matemático, que é, por sua vez, a descrição do universo físico. O universo de implementação associa as descrições do universo de representação às estruturas de dados, para que se obtenha uma representação do objeto no computador. A forma como isso é feito, por meio de malhas de polígonos e da geometria diferencial, além de modelos matemáticos de representação de luz e cor, permite que os objetos sejam definidos por uma lista de vértices da malha e valores de cor e luz associados a cada polígono da malha. A imagem gerada pela câmera sintética é uma transformação realizada por uma matriz de projeção, que leva esses vértices no espaço tridimensional ao espaço bidimensional da imagem – da mesma forma como funciona uma câmera real e os nossos olhos, que estão, por sua vez, imersos no espaço real.

Por outro lado, o conhecimento sobre a combinação das cores, aditiva ou subtrativamente, como será apresentado neste capítulo, auxilia de forma determinante o trabalho de correção de cor e de composição da imagem. Um profissional que sabe lidar com as misturas das cores pode, por exemplo, fazer o efeito da "noite americana"[1] em um tempo significativamente menor que outro profissional que faça o efeito de forma empírica.

Neste capítulo serão abordadas algumas definições sobre combinação de cores que estão presentes no cinema convencional e nas artes visuais. A definição das cores na imagem digital será expandida no próximo capítulo.

[1]Noite americana é a transformação de uma cena que foi gravada durante o dia em uma cena noturna, com todas as características de iluminação para luz noturna.

1.2. LUZ E CORES

Toda a experiência visual que se tem do mundo se dá através da luz que chega aos olhos e de como ela é percebida e interpretada. A luz visível é um tipo de onda que se propaga no espaço em uma velocidade que é a maior que qualquer coisa pode atingir no universo, pelo menos até o momento, segundo o nosso conhecimento, que é de 300 mil quilômetros por segundo. Como é uma onda, ela tem seus picos e seus vales, como mostra a Figura 1.5.

A distância entre dois picos ou dois vales da onda é chamada de comprimento de onda, e é representada pela letra grega lambda (λ). O tempo que se demora para passar dois picos ou dois vales da onda é chamado de período, representado pela letra grega tau (τ). O inverso do período, isto é, $1/\tau$, é a frequência ou ciclo da luz, representada pela letra f e medida em Hertz = Hz = 1/segundo.

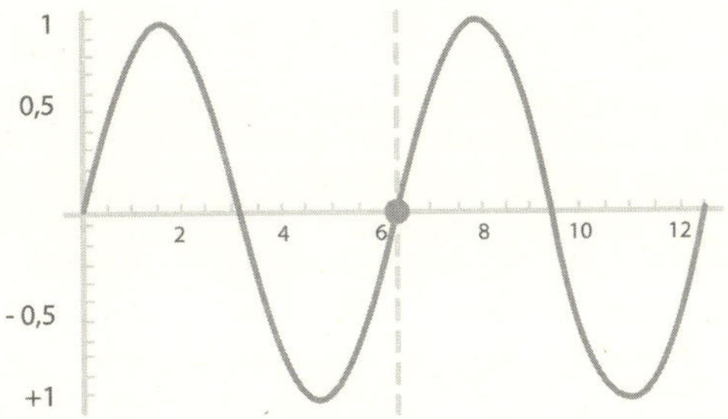

Figura 1.5 – Representação de uma onda simples.

Cada cor tem seu próprio comprimento de onda ou frequência de luz. A luz visível faz parte de um conjunto de ondas que são conhecidas como ondas eletromagnéticas. Esse nome foi adotado porque elas são constituídas por ondas elétricas e magnéticas, que se alternam sincronamente, a variação de uma gerando a outra e vice-versa. Na Figura 1.6, observa-se uma representação desse fenômeno, e a indicação da seta mostra o comprimento de uma onda.

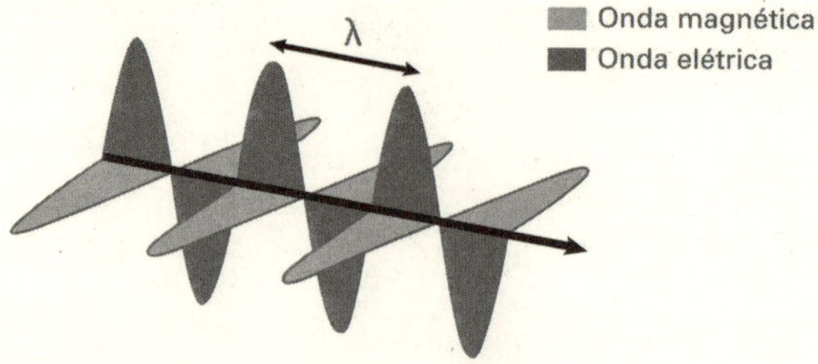

Figura 1.6 – Representação de uma onda eletromagnética.

O conjunto de todas as ondas eletromagnéticas forma o espectro eletromagnético. Essas ondas são estudadas pelo eletromagnetismo, sendo o seu comportamento e seus efeitos muito bem conhecidos. Essas características devem ser incorporadas na computação gráfica para gerar resultados semelhantes ao mundo em que vivemos.

A luz visível é uma parte muito pequena de todo o conjunto de ondas eletromagnéticas. É essa pequena parte que é observada pelos olhos. O comprimento de onda é medido por um bilionésimo do metro, que é o nanômetro (nm). Na Figura 1 do encarte colorido, é representado o espectro eletromagnético, com destaque para a faixa do espectro visível. Na parte superior da imagem, as várias faixas de ondas estão divididas de acordo com o seu comprimento de onda, dando-se destaque ao espectro visível, que é expandido na parte inferior.

Cada espécie de animal enxerga trechos diferentes do espectro eletromagnético em torno da luz visível, de acordo com o seu aparelho de visão. As abelhas, por exemplo, conseguem perceber um pequeno pedaço do ultravioleta além do visível, e algumas serpentes enxergam também uma pequena parte do infravermelho, vizinha ao visível. Os cachorros percebem a luz visível em preto e branco.

Os seres humanos enxergam a luz visível com seus diversos comprimentos de onda, que são as suas diferentes cores, se não tiverem problemas com seus sensores de cor. Na Figura 2 do encarte, é detalhado o espectro visível, do limite do ultravioleta (UV) ao limite do infravermelho (IR), e observam-se as diferentes cores de acordo com o seu comprimento de onda.

A Tabela 1.1 fornece uma ideia dos valores envolvidos com as cores, seus respectivos comprimentos de onda e as frequências correspondentes.

COR	COMPRIMENTO DE ONDA (NM)	FREQUÊNCIA (10^2 Hz)
VERMELHO	780 – 622	384 – 482
LARANJA	622 – 597	482 – 503
AMARELO	597 – 577	503 – 520
VERDE	577 – 492	520 – 610
AZUL	492 – 455	610 – 659
VIOLETA	455 – 390	659 – 769

Tabela 1.1 – As cores, seus respectivos comprimentos de onda e as frequências correspondentes.

Os objetos são vistos através da luz que eles enviam para os nossos olhos. Essa luz define as características de cada objeto. A forma dos objetos, através de suas linhas de contorno, sua superfície, seu volume e sua cor, revela-se pela luz que eles emitem, sendo percebidos pelos diversos sensores dentro do olho.

A luz pode ser irradiada pelos objetos, pode ser refletida, pode ser transmitida (como no caso dos objetos transparentes ou semitransparentes) ou pode penetrar nos objetos translúcidos, retornando de camadas mais profundas, sem atravessá-los, como no tomate, no leite e na pele. Exemplos de objetos que irradiam incluem o sol, as estrelas, as lâmpadas, os projetores, os televisores e os monitores, que produzem luz por algum processo. A luz que está viajando no espaço se combina com uma soma de luzes, com as suas cores. Nesse caso, a cor é a soma das diversas cores que se combinam. Na televisão, por exemplo, cada ponto da tela emite luz nas cores vermelha, verde e azul. A cor resultante em cada ponto é a soma das intensidades de cada uma dessas cores primárias.

A luz também pode ser refletida pelos objetos, como um espelho, ou de forma difusa, como se pode observar na Figura 1.7.

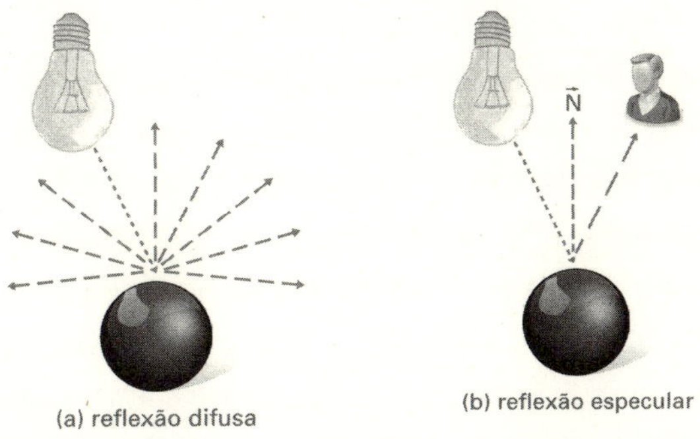

Figura 1.7 – Modelos de reflexão da luz por um objeto: (a) reflexão difusa; (b) reflexão especular.

A cor da superfície desses objetos que chega aos olhos é resultado da luz que incide neles e que não é absorvida ou transmitida, e sim espalhada pela reflexão difusa. A luz especular é responsável pelo brilho dos objetos, e a luz difusa, pela sua textura. Nesse caso, o objeto subtrai da luz incidente todas as cores que absorve ou que o atravessa. A luz refletida é o que sobra da luz incidente; é aquela luz que não é absorvida ou transmitida. A cor do objeto é a soma da luz refletida e da luz que é transmitida e chega aos nossos olhos.

Existe a terceira classe de objetos, transparentes ou semitransparentes, que desviam e alteram a luz, deixando-a passar por eles. Por último, há os objetos translúcidos, que não deixam passar a luz, mas alteram a luz que retorna de camadas mais profundas, abaixo da superfície refletora. O que enxergamos é resultado da iluminação e de sua interação com a superfície do objeto. Isso é representado em uma imagem, seja ela gerada por computação gráfica, por uma máquina fotográfica, desenhada ou pintada. Esse modelo é o mesmo adotado na implementação computacional e matemática dos programas de modelagem 3D e das bibliotecas gráficas, como a OpenGL e a DirectX. Esse processo de descrição da luz e de sua interação com os objetos é conhecido como *shadding*, que pode ser traduzido como "tonalização" ou "sombreamento".

Todas as cores que são visíveis podem ser obtidas pela combinação de três cores escolhidas apropriadamente. Todas as cores do espectro visível geram o espaço de cores, que tem três dimensões (Feynman, 2013), semelhante ao espaço virtual da computação gráfica, que tem os componentes largura, altura e comprimento associados a uma origem do sistema de coordenadas. Cada um dos três componentes de cor básicos escolhidos forma cada um dos três eixos que geram todo o espaço de cores. Esses conceitos serão estudados mais adiante.

As luzes que viajam no espaço se combinam aditivamente. A cor resultante é a soma das diversas luzes que se encontram em cada ponto do espaço. As três cores escolhidas para representar esse tipo de combinação de luz são o vermelho, o verde e o azul. Elas são chamadas de cores primárias e estão representadas na Figura 3 do encarte.

A soma do vermelho com o verde gera o amarelo. Do verde com o azul gera-se o ciano e do azul com o vermelho, a cor magenta. A mistura aditiva de cores comporta-se diferentemente de uma combinação dessas cores com pigmentos. Essas cores geradas formam as cores secundárias, que são complementares às cores primárias. O amarelo não tem qualquer componente do azul. O mesmo ocorre com o ciano com relação ao vermelho e com o magenta com relação ao verde. A cor que não tem qualquer componente de outra cor é chamada de sua cor complementar. A soma das três cores primárias gera o branco, assim como a soma de uma cor qualquer e de sua cor complementar.

As cores secundárias, isto é, ciano, magenta e amarelo, ou CMY, são usadas para representar as cores dos objetos e os pigmentos de suas superfícies. Elas se combinam-se de forma subtrativa, pois a luz refletida é aquela que sobrou da luz incidente na superfície, depois de ser absorvida e/ou transmitida pelo objeto.

O sistema de cores secundárias é, na maioria das vezes, representada pelas letras CMYK. A quarta letra, K, tem a origem na palavra *key* (chave), que dá o valor de referência da cor preta e é importante para que a mistura de cores seja mais precisa no mundo real. Ela é também a máscara preta usada para alinhar as placas ciana, magenta e amarela na impressão gráfica. As combinações das cores secundárias são utilizadas no design gráfico para gerar todas as cores das peças gráficas, que são formadas por luz refletida.

Na Figura 4 do encarte, observam-se as cores secundárias. Pode-se notar que elas se combinam diferentemente das cores aditivas e a união das três cores gera o preto. Na combinação subtrativa de uma cor com a sua complementar é gerado o preto. Na imagem, têm-se também as cores complementares das cores secundárias. Então, uma superfície amarela absorve toda a cor azul, refletindo amarelo; uma superfície ciana absorve toda a vermelha, e uma superfície magenta absorve todo o verde da luz incidente.

Para exemplificar essa composição de cores, na Figura 5 do encarte apresentam-se as fotografias de uma plantação de tulipas. Na parte superior, à esquerda, está a fotografia original, com o seu contraste de cores; no centro, a imagem em tons de cinza e à direita a fotografia com todas as cores menos o vermelho. Na parte inferior, estão as imagens com a decomposição de cores nos componentes vermelho, verde e azul.

Na Figura 6 do encarte, representa-se o espaço de cores como um cubo, com as cores secundárias definindo as coordenadas, à esquerda, e as primárias, à direita. O espaço de cores também pode ser definido com outros valores e sistemas de coordenadas, como a tonalidade de cor, a luminância e a saturação, em coordenadas cilíndricas (Figura 7 do encarte), no chamado sistema HLS, ou com a luminância, as cores menos o vermelho e as cores menos o azul (Figura 8 do encarte), no chamado sistema YUV. Esses conceitos serão estudados ao longo do texto.

No site da Brown University, existem vários aplicativos que podem ser baixados no computador para exercitar os conceitos de cor e de luz e de sua manipulação. Esses aplicativos são gratuitos e podem ser baixados diretamente do site da universidade. Uma série de artigos sobre o tema pode ser encontrada no site da Associação Brasileira de Cinematografia - ABC (2013), em especial o artigo "Cor e cinematografia" (Ebert, 2010).

1.3. VISÃO

O mundo é percebido visualmente através dos instrumentos humanos de visão. Eles são compostos dos dois olhos que estão no alto da cabeça, voltados para a frente, das conexões que levam os sinais elétricos gerados pela retina ao cérebro e da parte do cérebro que interpreta a visão. O mundo então pode ser representado da mesma maneira que o enxergamos e podemos falsear na imagem essa experiência visual. Isso é realizado, por exemplo, quando combinamos várias imagens gravadas em situações diferentes em uma única imagem, parecendo que toda ela foi capturada ao mesmo tempo.

A distância dos objetos até o observador é inferida pela steriopisis. A steriopisis é a impressão de profundidade que é percebida quando uma cena é observada pelos dois olhos, que geram as imagens que serão formadas na retina. O sinal de cada imagem é enviado e interpretado pelo cérebro, onde são calculados os dados de profundidade da cena. A visão binocular fornece duas imagens da cena levemente deslocadas, por causa da distância entre os dois olhos, que estão voltados para a frente da cabeça e giram em movimentos circulares. Com as informações de cada uma das imagens processadas pelo cérebro, a percepção de profundidade é aprimorada. A percepção de profundidade com apenas um olho pode ser inferida pelo tamanho dos objetos, que parecem menores quando estão mais distantes, pela oclusão, quando um elemento de cena está na frente do outro com relação ao olho, por comparações de contraste da cena e pelo movimento de paralaxe, observando as mudanças na posição aparente dos elementos de cena. Os dois olhos trabalham em conjunto na visão binocular normal (Perkins, 2013).

Um diagrama esquemático do olho humano pode ser visto na Figura 1.8. A luz incide na córnea e atravessa o humor aquoso, antes de atingir o cristalino, que é a lente do nosso sistema de visão. A íris funciona como um diafragma, controlando a intensidade da luz que passa para dentro do olho, através da lente do cristalino.

A luz atravessa o humor vítreo e a imagem é projetada na retina, no fundo do globo ocular. Na retina estão os sensores que percebem e capturam o sinal da luz, com a sua intensidade e a sua cor. Os nervos que levam o sinal elétrico gerado pela luz até o cérebro têm suas terminações nesses sensores.

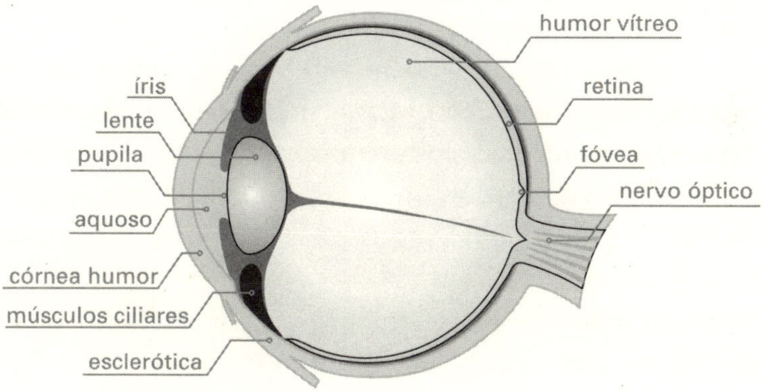

Figura 1.8 – Diagrama esquemático do olho.

Os sensores que estão na retina são de dois tipos: os bastonetes e os cones. Eles são chamados assim devido ao seu formato. Os bastonetes são sensíveis à intensidade da luz e não distinguem cores, apenas tons de cinza. Os cones são sensíveis à cor. Os cones estão concentrados na região da fóvea, ponto onde o eixo óptico do olho atravessa a retina. A concentração de cones na fóvea é responsável por maior nitidez e acuidade visual, como será discutido adiante. Eles são por volta de seis milhões e são divididos em três tipos diferentes, de acordo com a região do espectro visível em que funcionam.

Na Figura 9 do encarte, estão representados gráficos que indicam a sensibilidade de cada um desses três tipos de cones com relação à cor. O pico de intensidade de sensibilidade de cada tipo de cone está no azul, no verde e no vermelho. Os cones então são chamados de cones azuis, verdes e vermelhos.

Na Figura 9 do encarte, também se observa que o bastonete é mais sensível na faixa do ciano, apesar de ser sensível apenas à intensidade da luz. O sinal de saída dos bastonetes é uma corrente elétrica proporcional a essa intensidade. Os cones azuis representam apenas 5% do total de cones.

Os bastonetes estão em um número muito maior que os cones: aproximadamente 125 milhões, contra 6 milhões de cones. Eles também estão distribuídos ao redor da fóvea, mas em um raio maior, e mais afastados que os cones, como se pode observar na Figura 1.9. Nessa imagem, observamos a distribuição dos cones e bastonetes na retina, partindo do centro da fóvea.

Os bastonetes são responsáveis pela visão periférica, por estarem mais afastados da fóvea. Por serem 100 vezes mais sensíveis à intensidade da luz que os cones, são responsáveis também pela visão noturna. Em uma intensidade de luz baixa, os cones não funcionam. Como a saída de sinal para o cérebro em baixa intensidade de luz são tons de cinza, tem sentido dizer que à noite todos os gatos são pardos.

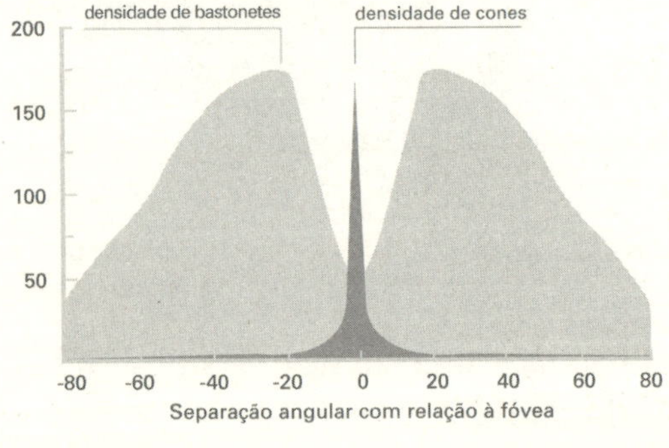

Figura 1.9 – Distribuição dos cones e bastonetes, em milhares por milímetro quadrado, com relação à distância angular ao centro da fóvea.

A combinação dos cones e bastonetes dá a característica de como o mundo é registrado visualmente. Alguns tipos de cones, por exemplo, podem não funcionar adequadamente. Os azuis quase nunca apresentam problemas, apesar de existirem em um número muito menor. No entanto, os vermelhos e/ou os verdes podem não funcionar, ocasionando o daltonismo, que é comum entre os homens.

A sensibilidade às cores entre a verde e a laranja é maior em razão de uma maior concentração de cones nessa faixa do espectro. Essas características da sensibilidade às cores possivelmente vieram da seleção natural, pois existem pouquíssimos alimentos azuis e a maioria está entre o verde e o vermelho. Também é observado que a imagem na periferia do nosso campo visual não é bem definida em cores, porque essa imagem é capturada principalmente pelos bastonetes. A Figura 1.10 ilustra um corte do olho humano, em que estão destacados o cristalino e a fóvea.

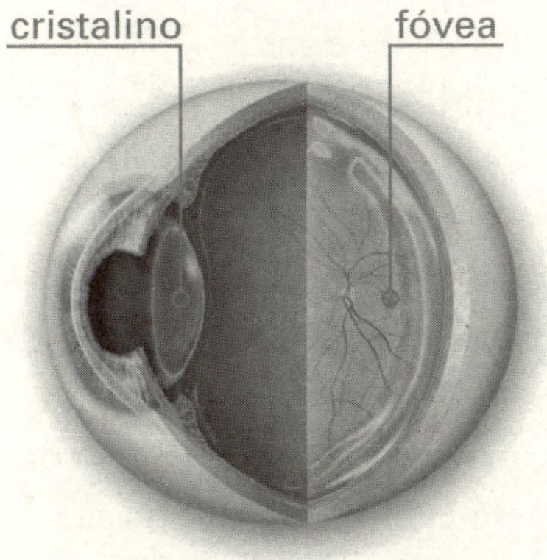

Figura 1.10 – Corte do olho humano, com o cristalino e a fóvea em destaque.

A acuidade visual é a característica do olho de reconhecer dois pontos muito próximos. Ela é determinada pela menor imagem retiniana percebida pelo indivíduo. Sua medida é dada pela relação entre o tamanho do menor objeto visualizado e a distância entre observador e objeto. Para valores menores que o da acuidade visual, dois pontos fundem-se, parecendo um só ponto. É essa característica que permite que a imagem seja representada como um mosaico de pixels e nos pareça como se fosse contínua.

A óptica presente no olho permite que a luz da cena seja focalizada em um furo, que é a íris, e se projete no fundo da retina. Essa óptica determina a profundidade de campo. A profundidade de campo é a região em torno do plano focal que ainda apresenta nitidez da imagem. A visão deixa em foco uma área próxima à fóvea. A profundidade de campo depende da abertura da íris, da distância focal e de visualização (Hartley e Zisserman, 2004). A profundidade de campo no fotograma de 35 mm, com uma lente de 50 mm de distância focal usada em uma câmera de cinema, assemelha-se à profundidade de campo da visão humana. Quanto menor o dispositivo que captura a luz, seja o fotograma da película, seja o sensor de estado sólido utilizado para a imagem digital, maior será a profundidade de campo. Essa diferença pode ser percebida comparando-se a imagem capturada por câmeras de cinema de 35 mm e câmeras de vídeo com sensores de ¾ de polegada ou menos, como eram as câmeras de televisão antes da alta definição (HDTV – *high definition television*). A exibição gerada por câmeras de televisão tinha uma profundidade de campo muito grande que, muitas vezes, trazia toda a imagem em foco. Sensores de estado sólido para câmeras digitais, como o *charge-coupled device* (cdd) e o *complementary metal–oxide–semiconductor* (cmos), atingiram atualmente dimensões físicas equivalentes ao fotograma da película, permitindo a fabricação de câmeras de cinema com esses sensores. As câmeras digitais então utilizam o mesmo conjunto de lentes das câmeras com película. Vamos aprofundar e definir melhor esses conceitos nos Capítulos 3 e 4.

A representação da imagem digital leva em consideração essas informações. Como cada imagem tem um tamanho em bits, quanto mais precisa a representação da imagem, maior o número de bits de informação. Isso tem um valor significativo quando se quer transmitir, armazenar ou exibir a imagem, como no caso de uma banda de transmissão de dados limitada ou quando se trabalha com vídeo, com uma taxa grande de quadros de imagem por segundo. Então, por meio dos estudos de percepção visual, é possível reduzir a quantidade de informação da imagem para se adequar às demandas de transmissão e armazenamento. Isso pode ser feito, por exemplo, reduzindo a precisão da representação das cores. E isso acontece com relação a cada tom de cor. O mesmo não pode ocorrer com relação à intensidade da luz, pois a quantidade de bastonetes é muito maior que a de cones. Isso leva a soluções adequadas para cada caso, com os diferentes codificadores e decodificadores digitais de imagem, que podem gerar imagens para a web mais limitada, para a HDTV ou para o cinema digital, com diferenças significativas na qualidade da imagem e na quantidade de dados transmitidos.

A questão seguinte é: por que, quando vemos uma série de imagens paradas, exibidas em sucessão na tela do cinema ou na televisão, nós vemos a imagem em movimento contínuo? A explicação padrão que muitas vezes se dá é que a imagem persiste por um tempo na retina. Mas não é só isso. A imagem permanece formada na retina durante o tempo de 1/25 segundo, aproximadamente, no processo que é chamado de persistência da visão ou retiniana. Isso permite que não se perceba os intervalos escuros entre as imagens que estão sendo exibidas e apenas isso. Existe ainda o fenômeno phi e o movimento alfa, que são associados à ilusão de movimento, mas eles não explicam como se dá a ilusão, já que cada imagem da série não tem qualquer movimento.

A maneira como percebemos os movimentos é a chave para explicar a ilusão das imagens em movimento, mas é uma questão ainda aberta (Science Daily 2011). Muitos avanços foram feitos desde a explicação pela persistência retiniana, que data do século XIX. O que se sabe hoje é que a visão distingue dois padrões de movimento, os de curto alcance e os de longo alcance, que são analisados por dois sistemas de processamento da visão anatomica e funcionalmente diferentes. O cérebro processa também separadamente as informações de cores, de forma e de movimento. Os movimentos na imagem em movimento, seja na televisão, na tela do cinema ou do celular, são considerados de curto alcance. A visão consegue perceber a diferença entre movimentos de longo e curto alcance. A percepção do movimento real é processada pelo mesmo sistema de movimento de curto alcance. E ele não distingue entre o movimento aparente e o real (Anderson, 1993).

Isso pode ser comprovado por patologias que afetam a percepção de movimento ou de forma. A akinetopsia é a incapacidade de ver objetos em movimento. Não há qualquer problema em identificar objetos parados, mas os objetos desaparecem quando se movimentam. Outros pacientes tem uma grande dificuldade em distinguir formas que estão paradas, mas nenhum problema quando as formas estão em movimento. Esses pacientes são cegos para imagens paradas, mas conseguem enxergar tudo ao ver imagens em movimento na televisão. Aparentemente, a apresentação das imagens na televisão é capaz de ativar o módulo de processamento de movimento do cérebro. Experimentos com uma cadência de imagens maior do que a do cinema, de 24 quadros de imagem por segundo, ou da televisão, a 30 quadros, estão sendo feitos, como será discutido no Capítulo 4.

1.4. PROJEÇÕES DE CÂMERAS – CÂMERA PINHOLE

O conhecimento sobre projeção do espaço 3D no plano 2D também é importante na construção da imagem. Ele auxilia na composição da imagem, seja na fotografia, seja na pós-produção. Esse conhecimento é fundamental na computação gráfica, porque faz parte das ferramentas que descrevem matematicamente a câmera virtual. Na projeção, linhas são traçadas dos objetos até a imagem. Essas linhas podem convergir para um ponto, na projeção em perspectiva, como ocorre no nosso olho, ou, então, são paralelas, numa representação que é muito útil na modelagem do mundo virtual. A projeção será estudada de um ponto de vista qualitativo neste tópico, para que os conceitos mais importantes possam ser aproveitados pelo profissional que trabalha diretamente na produção e a quem não interessa o formalismo matemático.

Uma câmera é um mapeamento entre o mundo 3D, que pode ser o universo físico ou um espaço abstrato, e uma imagem bidimensional, que pode ser, por exemplo, uma fotografia ou a saída de um render. Nesse processo perde-se uma dimensão. Vamos simplificar o problema considerando que a projeção da câmera seja central como na Figura 1.11, isto é, um raio de luz vindo de um ponto no espaço passa por um ponto fixo, que é o centro de projeção. Esse raio vai interceptar um plano específico, que é o plano da imagem ou plano de projeção. A intersecção do raio com o plano da imagem representa a imagem do ponto.

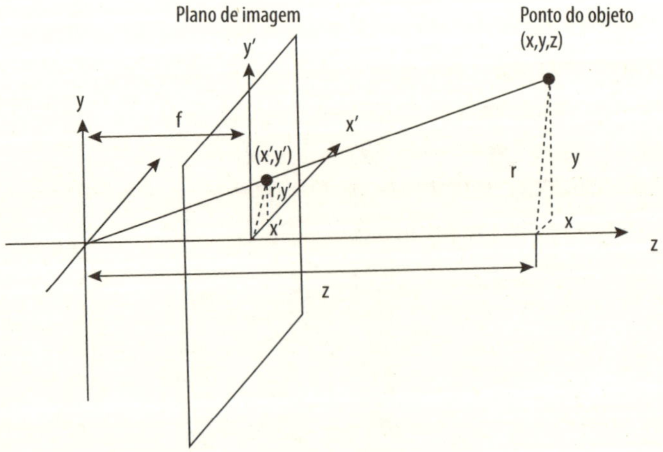

Figura 1.11 – Diagrama de uma projeção central.

Hartley e Zisserman (2004) pontuam que esse modelo está de acordo com um modelo simples de câmera, no qual um raio de luz de um ponto no mundo passa através da lente de uma câmera e incide no filme ou no dispositivo digital, produzindo uma imagem do ponto. Analogamente, o raio de luz pode vir de um ponto em um espaço de representação computacional 3D. O resultado é o render a partir de uma câmera sintética. Ignorando os efeitos gerados pela largura da lente e pela precisão do foco, uma aproximação razoável é de que os raios passam através de um simples ponto, que é o centro da lente. Esse é o caso da projeção perspectiva. O olho pode ser, grosso modo, aproximado desse modelo, com o cristalino funcionando como uma lente de distância focal variada, de acordo com o trabalho dos músculos da córnea. As máquinas fotográficas, as filmadoras e os programas de computação gráfica produzem imagens baseadas nessa projeção em perspectiva, porque é o tipo de projeção de nossos olhos.

Todo tipo de câmera com projeção central é um caso específico da câmera projetiva geral (Hartley e Zisserman, 2004). A sua estrutura é estudada utilizando-se as ferramentas da geometria projetiva. Os entes geométricos mais importantes da câmera, como o centro de projeção e o plano de imagem, podem ser computados de forma simples por suas representações matriciais. Os modelos são de duas classes principais – as câmeras com centro finito e os modelos de câmera com o centro "no infinito".

Existem diversas modalidades de transformação do espaço 3D em um plano 2D, através da projeção. Isso é amplamente abordado pela geometria projetiva. Em um diagrama encontrado no livro de Azevedo (2003), que está na Figura 1.12, são exibidos todos os tipos de projeção planificada. A projeção de interesse neste trabalho é a perspectiva, processo que ocorre no olho e nas câmeras utilizadas no audiovisual.

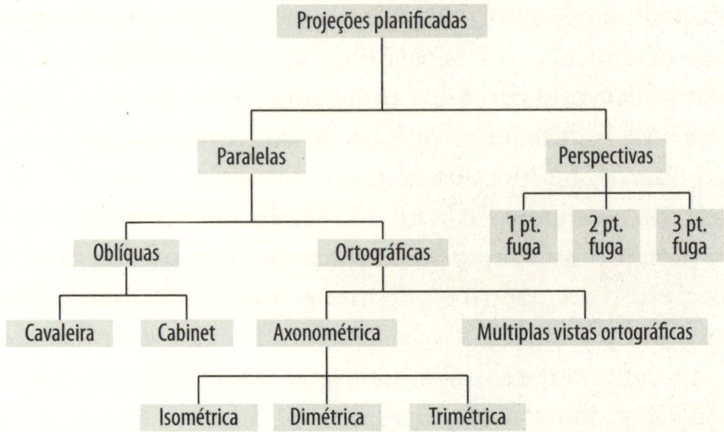

Figura 1.12 – Diagrama com os tipos de projeções (Azevedo, 2003).

A projeção paralela ortográfica também é importante para auxiliar no processo de pré-visualização da modelagem tridimensional nos softwares de computação gráfica. Nela, o centro de projeção está representado no infinito e todas as linhas de projeção são paralelas entre si. No caso da projeção ortográfica, as linhas de projeção são perpendiculares ao plano de projeção, como na Figura 1.13. Na projeção paralela oblíqua, muito utilizada em cristalografia e em outras aplicações, o conjunto de linhas de projeção é inclinado em relação ao plano de projeção por um ângulo diferente de 90º. Existem lentes que projetam os raios paralelamente ao plano de imagem, as lentes telecêntricas, utilizadas para medidas específicas de distâncias. Elas são raramente utilizadas no audiovisual. Nesse tipo de projeção, o tamanho relativo dos objetos permanece o mesmo.

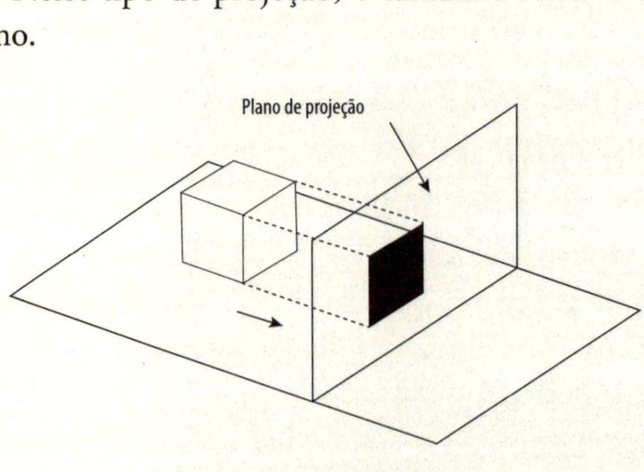

Figura 1.13 – Projeção paralela ortográfica (Azevedo, 2003).

O modelo mais simples para descrever uma câmera com projeção perspectiva é o tipo pinhole. A câmera pinhole é apenas uma caixa com um furo (*hole*) feito com alfinete (*pin*). A luz entra pelo furo e forma a imagem no fundo da caixa, como se vê na Figura 1.14. Nessa representação é mostrada, à direita, a caixa e a imagem formada no fundo da caixa.

A imagem tem a forma invertida com relação ao objeto do mundo real. Isso acontece porque os raios de luz de cada ponto do mundo visível seguem em linha reta até atingirem a parede da caixa, passando pelo furo. Para capturar a imagem, no plano de projeção é colocado um sensor que a registra durante o tempo em que se deixa a luz passar através do furo, daí o nome câmera fotográfica pinhole.

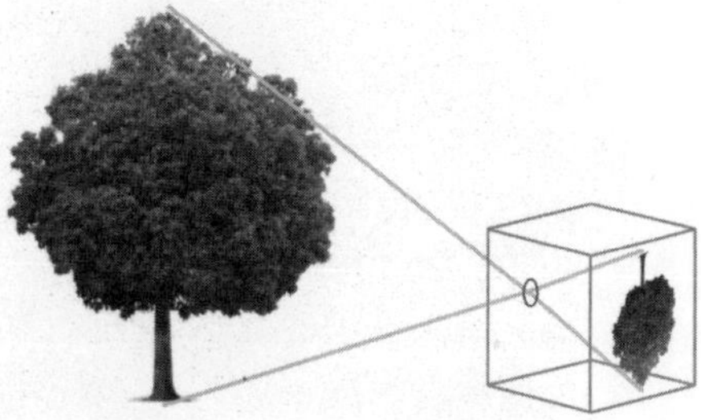

Figura 1.14 – Uma câmera pinhole registrando uma fotografia.

O bloqueio da luz é feito por um obturador, que pode ser o dedo, o qual deixa a luz passar durante um intervalo de tempo. Nas máquinas fotográficas, com conjuntos de lentes e óptica adequada, o tempo médio de abertura do obturador em um dia ensolarado é de 1/125 segundos.

1.5. ILUSÕES DE ÓPTICA

Em virtude de nosso olho funcionar como uma câmera pinhole, algumas ilusões ópticas básicas ocorrem, intrínsecas à maneira como os nossos olhos funcionam. Uma primeira ilusão é a de que, a distância, duas linhas paralelas se encontram. Isso pode ser observado quando se olha os trilhos do trem ou do metrô e eles parecem se encontrar no horizonte. Ou quando olhamos para cima, observando um edifício alto, parece que a distância entre suas laterais vai diminuindo, à medida que estão mais altas.

Sabemos por experiência que as linhas paralelas não se encontram. O ponto onde as linhas parecem se encontrar é chamado de ponto de fuga e está no horizonte da visão. Pode haver um ponto de fuga, como no caso dos trilhos; dois pontos de fuga, como no caso do edifício alto; ou três, como no caso de um edifício alto e largo. A reta onde as paralelas parecem convergir é chamada de linha do horizonte. A Figura 1.15 mostra exemplos de alguns efeitos da projeção em perspectiva.

Figura 1.15 – Exemplos de ilusão de óptica, com os pontos de fuga e a linha do horizonte.

Outra ilusão decorrente desse tipo de projeção é que os objetos parecem menores quando se distanciam do observador. Temos a ilusão de que os comprimentos dos objetos se alteram com a distância.

Outras ilusões decorrem da maneira como processamos as cores e a luz. Os mecanismos pelos quais percebemos as cores e a intensidade da luz não são de medidas absolutas. A cor de um objeto, em geral, é a combinação de muitas cores diferentes, espalhadas pelo espectro visível. É registrado, porém, apenas o resultado médio dessas cores, que gera a cor que é percebida.

O olho humano normal pode detectar 130 tons de cor na faixa visível do espectro, distingue fracamente 20 diferenças de saturação em uma cor e em torno de 500 variações de luminosidade (Perkins, 2013).

A percepção visual dos tons de cores também não é absoluta e depende de como os sensores da retina respondem aos estímulos da luz e como eles são interpretados pelo cérebro. A percepção é baseada em comparações; isso altera a aparência dos tons de acordo com os contrastes simultâneos do objeto com o ambiente. Também ocorre a formação de pós-imagens, quando se fixa o olhar por muito tempo em um cenário e depois se desviam os olhos, persistindo a imagem do cenário. Deficiências da visão colorida também alteram significativamente a percepção da luz.

Existem algumas teorias sobre o mecanismo de visão das cores, com abordagens equivalentes, de acordo com a utilização da cor (Brinkman, 2008; Ebert, 2010). Na teoria de Hering, ou teoria tetracromática, a percepção das cores se dá por oposição entre pares mutuamente excludentes. Esses pares são o vermelho/verde e o azul/amarelo.

Foram realizados experimentos com objetos cinza colocados em diferentes tonalidades de fundo para a observação dos contrastes simultâneos. Um objeto cinza colocado sobre um fundo vermelho parece esverdeado; sobre um fundo verde, avermelhado; sobre um fundo amarelo, mostra-se azulado; sobre um fundo azul, mais amarelado. Nas três placas apresentadas na Figura 10 do encarte, pode-se observar o fenômeno do contraste de cor, onde o tom do círculo vermelho é percebido diferentemente de acordo com o fundo.

Da mesma maneira, os tons de cinza são percebidos, quando comparados ao ambiente, através do contraste de luminância. As diferenças entre os tons de cinza muitas vezes levam a interpretações equivocadas, devido a essa comparação. Na Figura 1.16, um círculo cinza é exibido com diferentes fundos, e aparenta ter diferentes tonalidades de acordo com o tom de cinza do fundo.

Figura 1.16 – Aparência de um mesmo tom de cinza com diferentes fundos.

Um teste impressionante para essa ilusão, que resulta do contraste de luminância, é a ilusão da sombra (Brinkamn, 2008). O cérebro faz correções automáticas na tonalidade do cinza. No caso do tabuleiro apresentado na Figura 11 do encarte, é mostrada uma sombra provocada pelo cilindro. As tonalidades de cinza da casa com a letra A parece completamente diferente da tonalidade da letra B.

Ao se colocar sobre o tabuleiro uma régua com o tom de cinza igual ao da casa com a letra A, percebe-se que o tom de cinza de A é o mesmo da casa B, como apresentado na Figura 12 do encarte. Isso é completamente diferente do que se percebe na imagem apresentada anteriormente.

Tendo como base essas observações, desenvolveram-se diversos esquemas de composição de cores e imagens nas artes plásticas e no audiovisual. Nos próximos capítulos vamos aprofundar essa discussão, ao construir a imagem digital e utilizá-la em diversas aplicações.

CAPÍTULO 2

GERAÇÃO DA IMAGEM

2.1. INTRODUÇÃO

A resolução e a qualidade de imagem das câmeras fotográficas e das filmadoras dos smartphones aumentam a cada lançamento, em uma escalada vertiginosa. Os acessórios disponíveis para essas câmeras permitem que se capturem imagens com qualidade profissional. Já estão disponíveis filmadoras nos formatos digitais 2K e 4K a preços acessíveis para o grande público. Qualquer pessoa pode criar um desenho ou uma pintura com recursos digitais e softwares gratuitos.

Entretanto, esse cenário é muito recente; até bem pouco tempo atrás, nada disso era possível. Até a primeira fotografia digital (Ehrenberg, 2010), capturada em 1957, a produção e a exibição de imagens só eram possíveis por meio da pintura, do desenho, da fotografia, do cinema em película ou da televisão analógica. Para se produzir imagens, era necessário usar pincéis, lápis, pigmentos, câmeras fotográficas com filme, câmeras de cinema ou câmeras de televisão e vídeo analógicas. Praticamente não havia qualquer tipo de interação, em virtude da maneira como essas imagens eram criadas. A única interação possível em tempo real era obtida com o vídeo, por meio de modificações eletrônicas da imagem, em equipamentos complicados e pouco produtivos.

Com o advento e a evolução da tecnologia digital, esses processos de produção de imagens foram sendo modificados e, muitas vezes, substituídos. Foi também possível fazer com que o espectador interagisse com a imagem, abrindo caminho para os jogos eletrônicos, a realidade virtual e a realidade aumentada.

Os custos para produzir fotografias, vídeos e filmes não permitiam que essas formas de capturar imagens fossem populares; mesmo a pintura e o desenho demandavam investimentos significativos em mesas de desenho, telas, tintas, pincéis e lápis especiais. A popularização do uso da imagem digital é resultado do fascínio do ser humano pela representação visual do mundo e da evolução das técnicas para gerar e capturar imagens ao longo de milênios de pesquisas e invenções.

Neste capítulo, no próximo tópico faremos uma revisão da produção de imagens antes do surgimento dos recursos digitais. Em seguida, a construção das primeiras imagens digitais serão estudadas, mostrando a sua evolução. No último tópico, são apresentados os principais suportes para a imagem em movimento.

2.2. A IMAGEM PRÉ-DIGITAL

A humanidade produz e constrói representações por imagens do mundo real e de mundos abstratos desde os primórdios da história. Os primeiros registros de pinturas e desenhos remontam a mais de 40 mil anos atrás (Enciclopédia Itaú Cultural, 2013). Já se usavam então cores, obtidas de diferentes materiais, como argila, sangue, saliva e excrementos de morcego. Os temas das imagens eram relacionados ao cotidiano da época, mostrando cenas da caça e outros eventos. Essa representação evoluiu e assumiu diferentes aspectos ao longo dos tempos, com a introdução de novos materiais, suportes e técnicas. O suporte é qualquer superfície onde possa-se desenhar, pintar ou imprimir; os materiais usados para esse fim podem ser o grafite, a tinta, o guache, o crayon, dentre muitos outros, utilizando diferentes tipos de pincéis, lápis ou aparatos para produzir linhas, superfícies, volumes, texturas, cores e luzes.

No caso da pintura e do desenho, as cores resultantes são misturas das cores dos pigmentos, combinadas de forma subtrativa, conforme discutido no capítulo anterior.

No mundo ocidental, as leis matemáticas da perspectiva linear, discutidas no Capítulo 1, foram descobertas pelo arquiteto italiano Filippo Brunelleschi no século XV, o que permitiu representar de forma mais realista o mundo tridimensional em superfícies. No entanto, a representação com perspectiva já era conhecida pelos chineses e em algumas fases artísticas da Grécia e Roma antigas (Encyclopaedia Britannica, 2013). Essa descoberta impactou profundamente a produção de desenhos e pinturas no mundo ocidental a partir de então, no início da Renascença. No final do século XIX, Paul Cézanne planificou a projeção em perspectiva, e começaram a surgir movimentos artísticos que quebravam as suas regras, como o cubismo.

Em meados do século XIX, surgiu a emulsão sensível à luz, que permitiu gerar imagens do mundo diretamente da luz que ele emitia. Nessa época, a câmera obscura já era conhecida (Parrot-Sheffer e Tikkanen, 2013). Ela consistia em um quarto ou uma caixa escura com um furo em uma parede, através do qual as imagens dos objetos fora do quarto eram projetadas na parede oposta à do furo. A câmera obscura era conhecida pelos chineses e na Grécia antiga e, no século XVI, Giambattista della Porta descreveu com detalhes o seu uso colocando uma lente no furo. Ela era utilizada para observar eclipses solares e para produzir desenhos das imagens projetadas.

Ao se colocar a placa com a emulsão sensível à luz em uma câmera obscura, na parede oposta ao furo, é criada a câmera fotográfica. O primeiro a fazer isso foi Nicéphore Niépce, em 1825. Desde então, várias técnicas para produzir imagens a partir da câmera obscura foram desenvolvidas, resultando, finalmente, na fotografia impressa em papéis a partir da emulsão sensível à luz. Essa emulsão foi então aplicada em uma fita larga por George Eastman, que desenvolveu a câmera Kodak em 1888 e atualmente é de material plástico. Essa fita, chamada de filme ou película, foi colocada na posição em que a imagem era formada, podendo produzir diversas fotografias lado a lado em um mesmo filme. A fotografia era produzida em tons de cinza. A tecnologia da fotografia colorida surgiu em 1904, com os filmes pancromáticos.

As imagens passaram então a ser capturadas em um filme, cada imagem gerando um fotograma, e eram reveladas por meio de um processo fotoquímico.

O filme é enrolado em uma bobina e um mecanismo faz com que ele se desloque da sua posição, trocando o fotograma que já foi impressionado pela luz por um fotograma virgem. No caso da câmera de cinema, esse processo acontece 24 vezes por segundo, para que haja a ilusão do movimento quando o filme é revelado e exibido. A Figura 2.1 mostra um desenho esquemático da formação da imagem no olho e na câmera fotográfica.

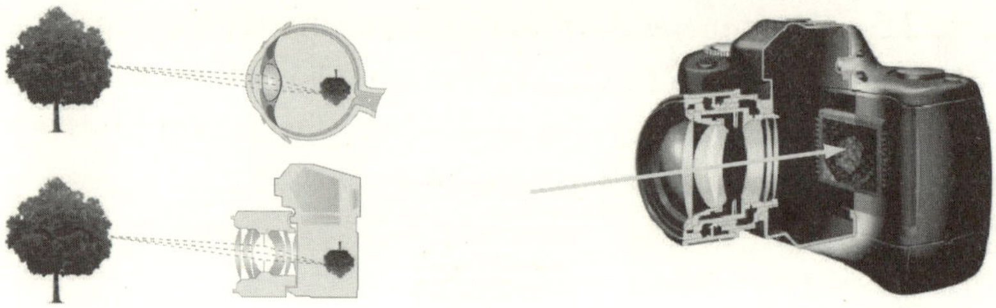

Figura 2.1 – À esquerda, as imagens sendo formadas no olho e em uma câmera fotográfica; à direita, a posição do sensor, mostrado através de um corte na câmera.

A parte sensível do filme é feito de uma emulsão de sais de prata, que sofrem alterações químicas quando a luz incide sobre eles. Depois de um banho em uma solução que reage com os sais de prata modificados pela luz, a imagem é revelada no filme. A imagem revelada, em geral, é o negativo das cores que incidiram na película, isto é, a imagem é composta das cores complementares. Existem situações em que as cores da imagem gerada é a mesma da cena capturada no chamado filme positivo. A Figura 2.2 exibe uma filmadora para cinema e um pedaço de película.

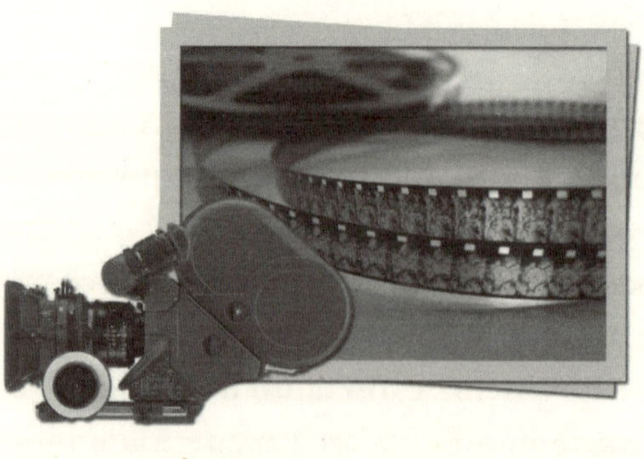

Figura 2.2 – Filmadora Arri e um pedaço de película.

Se a imagem negativa for ampliada em uma folha de papel fotográfico, o processo químico se repete. A imagem é ampliada passando-se luz branca através do filme e incidindo essa luz no papel fotográfico por um tempo determinado. Depois disso, o papel passa por um banho e sofre as modificações químicas semelhantes ao filme, gerando uma imagem com as cores complementares às que estão registradas no filme. Dessa maneira, uma imagem positiva é gerada, recuperando as cores originais.

A Figura 2.3 ilustra uma ampliadora de fotografias. A luz gerada pela lâmpada (1) passa pelas lentes (2) e (3). Atravessa, então, o filme posicionado em (4), e a imagem é formada no papel fotográfico que está em (5). Para fixar a imagem, o papel passa então por um banho químico.

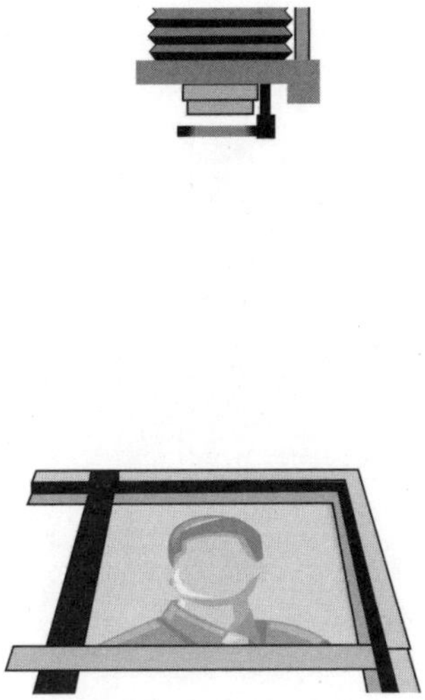

Figura 2.3 – Corte esquemático de uma ampliadora de fotografia.

O primeiro processo químico pelo qual o filme passa gera o negativo. O negativo do negativo, no segundo processo, gera um positivo. Como a fotografia é impressa, a imagem que é observada é das luzes refletidas no papel fotográfico. Para o cinema, o processo é semelhante, mas a imagem é projetada por uma luz que atravessa o filme. O filme que será exibido é o positivo da imagem. O fluxo de trabalho com filme no cinema é discutido no Capítulo 4, na sua introdução.

Na Figura 13 do encarte, observa-se, à esquerda, a fotografia colorida (A) e em preto e branco (C); à direita, seus negativos (B) e (D), respectivamente. No caso da fotografia em preto e branco, têm-se os tons de cinza complementares.

No caso das câmeras de televisão e vídeo analógicas, a combinação das cores é aditiva. A imagem é capturada através das câmeras. A luz entra pela lente, atravessa um prisma e incide nos sensores. A função do prisma é separar a luz em suas cores primárias (vermelha, verde e azul).

Em uma câmera com três sensores, cada sensor recebe uma componente da luz, isto é, a vermelha, a verde ou a azul, e transforma o sinal luminoso em sinal elétrico. No momento em que o sinal elétrico é gerado, ele passa por um filtro que altera o espaço de cores, modificando do RGB para o YUV. As componentes do espaço de cor passam a ser a luminância em uma, todas as cores menos o vermelho na segunda e todas as cores menos o azul na terceira componente, no padrão que é chamado também de componente ou YCbCr. Esse sinal é gravado nas fitas magnéticas, que registram a imagem. A câmera também pode ter apenas um sensor, com menor precisão para o valor de cada componente e, com isso, há uma perda na qualidade da imagem, no sistema de cor que é conhecido como composto.Depois, ao exibir as imagens, cada componente de luz primária gravada é somada, produzindo a cor resultante, como se pode ver na Figura 14 do encarte. A imagem era formada em televisores de tubos. No fundo desse tubo há um emissor que produz um feixe de elétrons (veja A, na Figura 14 do encarte). Esse emissor produz três feixes de elétrons, que são colimados e direcionados (veja C, na Figura 14 do encarte).

Na Figura 14 do encarte, os feixes de elétrons estão coloridos artisticamente nas três cores primárias. Isso serve para frisar que cada um deles, que não tem cor, é responsável por produzir cada uma dessas cores no tubo. Os feixes incidem no tubo do monitor, que é coberto com compostos de fósforo, os quais se colorem quando os elétrons incidem neles, como na letra F. Existem compostos de fósforo que emitem no vermelho, no verde ou no azul; cada feixe incide em um dos tipos. A cor resultante da imagem é a combinação aditiva das três luzes primárias.

A substituição da película e do vídeo gerado eletronicamente pela imagem digital está acontecendo rapidamente. A melhoria da qualidade da imagem digital e dos dispositivos de aquisição e exibição de imagem tem contribuído para que isso aconteça definitivamente. Atualmente, as imagens em movimento em película são, nos lugares onde não existem projetores digitais, digitalizadas e passadas novamente para película para distribuição, depois de finalizado o filme.

Uma discussão sobre essa evolução para o digital está no livro de Murch (2004). Ele descreve o seu ponto de vista de montador de cinema vivendo essa transição, com várias histórias reais. Ele trabalha há mais de 40 anos na área, é dos mais atuantes ainda hoje e ganhou vários prêmios, inclusive dois Oscars de edição.

2.3. ORIGENS DA IMAGEM DIGITAL

A tecnologia digital se baseia na transformação de toda informação em bits. O bit é o binary digit e pode ter dois valores. Os valores podem ser lógicos – como o verdadeiro e o falso, o sim e o não –, ou sinais algébricos, como o (+) e o (-), ou estados de ativação, como o ligado e o desligado, ou qualquer atributo como dois valores. A representação mais comum, por facilidades inerentes à matemática, é o 0 e o 1. O bit forma a base de toda informação e a combinação adequada de muitos bits pode representar qualquer coisa, como a imagem.

Para a imagem, tem-se de reproduzir todas as informações possíveis de cor, iluminação, linhas, superfícies e volumes, em um encadeamento de bits. Ao observarmos o mundo à nossa volta ou uma fotografia, constatamos que a quantidade de informação é imensa. A fotografia do busto de uma pessoa em um fundo com uma única cor tem muito menos informação que a fotografia de uma paisagem, com todos os seus detalhes, como as folhas e as sombras, por exemplo.

A primeira imagem digital foi feita em 1957, quando Russell Kirsch, um pesquisador do Massachussets Institute of Technology (MIT), nos Estados Unidos, usou a fotografia de seu filho recém-nascido para produzir a primeira imagem digital. Para isso, ele usou um equipamento chamado fotomultiplicadora. A fotomultiplicadora é um aparelho que capta a intensidade da luz. A luz incide nos sensores e faz gerar uma cascata de elétrons, que gera uma corrente elétrica. Ele então fez um arranjo em linha de 176 fotomultiplicadoras apontadas para a fotografia, capturando, cada uma, um pedaço da imagem na largura da fotografia. Ele moveu essa linha de fotomultiplicadoras ao longo da altura da fotografia, de ponta a ponta, em 176 posições diferentes.

Cada uma das fotomultiplicadoras gerou sua corrente elétrica da seguinte maneira: onde a fotografia era preta, não havia sinal; onde ela tinha algum tom de cinza mais claro, era gerada a corrente. Assim, a saída das fotomultiplicadoras, em cada uma de suas posições ao longo da altura da fotografia, tinha dois valores e era representada por um bit. Ele fez um arranjo de pequenos retângulos que compunham a fotografia, como se fosse uma matriz, com 176 linhas e 176 colunas.

Na saída de cada fotomultiplicadora ou havia sinal ou não, reproduzindo uma fotografia com um bit em cada quadrado, preto ou branco. Na Figura 2.4 tem-se a reprodução dessa primeira imagem digital.

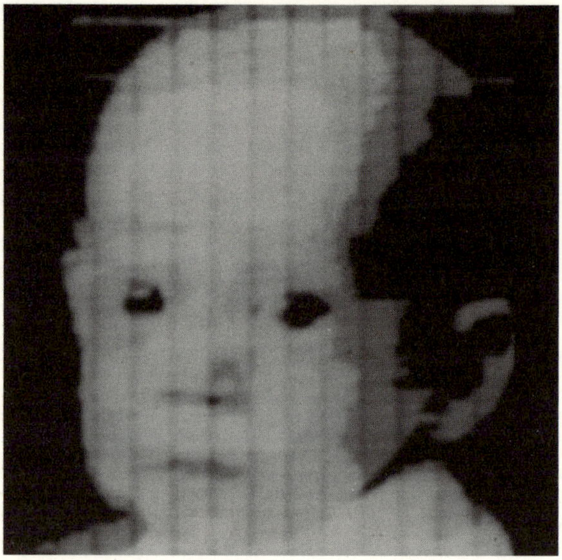

Figura 2.4 – Primeira imagem digital, de 1 bit de cor por pixel, de 1957 (Ehrenberg, 2010).

Cada retângulo é um elemento da imagem. No caso dessa primeira imagem digital, cada retângulo é o que cada fotomultiplicadora enxerga. A imagem digital é então organizada desde o seu início como um arranjo de elementos de imagem, que é chamado de pixel, junção das palavras picture e element. Cada fotomultiplicadora gera a representação de um pixel. Esse arranjo é do tipo matricial, com linhas e colunas de pixels. Esse formato é o mesmo utilizado ainda hoje.

De forma geral, cada pixel tem um valor único de cor e de intensidade de luz. Esse valor é dado pelo arranjo de bits. No caso da primeira imagem digital, com apenas dois valores, cada pixel tinha um bit. Atualmente temos imagens que tem mais de 36 bits por pixel. A quantidade de bits é chamada de profundidade de cores da imagem e a quantidade de pixels determina a resolução da imagem.

Em 1962, a possibilidade de se manipular a imagem na sua forma digital levou à invenção da primeira ferramenta que utilizava uma caneta óptica, o *sketchpad*. Ela permitia desenhar diretamente na tela de um computador ainda rudimentar, com diversos botões para controlar o sinal da caneta. Dessa maneira, surgiu a primeira forma de interatividade com a imagem digital, que é exibida na Figura 2.5.

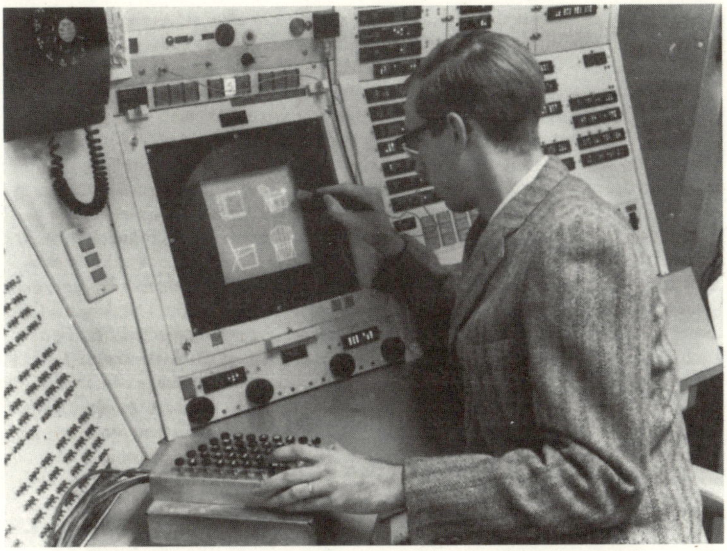

Figura 2.5 – Primeira forma de interação com a imagem, o *sketchpad* (http://resumbrae.com/ub/dms423_f08/06/sketchpad.jpg).

A partir de então, surgiram novos artefatos de interação, como o joystick e o mouse, e a resolução e a qualidade da imagem aumentaram. Isso foi possível com o aumento da velocidade dos processadores, da memória dos computadores, da capacidade de armazenamento e acesso aos dados e da evolução das formas de exibição das imagens, como vai ser discutido nos próximos capítulos.

Os programas que permitem a interatividade e a manipulação da imagem também amadureceram e puderam desempenhar tarefas cada vez mais complexas. Os componentes dessas máquinas também se tornaram menores e mais poderosos, permitindo a redução considerável do tamanho dos equipamentos.

O impacto representado pelo surgimento da imagem digital e da computação gráfica é muito marcante hoje, acompanhando a evolução dos hardwares e dos softwares. A área dos jogos é um grande exemplo da transformação, pois os primeiros jogos eletrônicos surgiram com os rudimentos da tecnologia digital e evoluíram com ela.

2.4. IMAGENS EM MOVIMENTO

A representação do movimento em imagens foi buscada desde os primeiros registros de pinturas e desenhos pré-históricos. Os animais e os seres humanos eram representados em diferentes posições para simular o movimento em um único quadro, como na Figura 2.6, que retrata uma pintura em uma caverna de Lascaux, na França, que tem mais de 30 mil anos. O artista plático Marcel Duchamp utilizou a mesma técnica no quadro *Nu descendo uma escada nº 2*, de 1912, que está no Museu de Arte da Filadélfia e é exposto na Figura 2.7.

A busca por provocar a sensação de movimento com as imagens gerou uma série de equipamentos antes da invenção do cinema. Em todos eles, imagens com objetos, com pequenos deslocamentos entre elas, eram exibidas rapidamente para criar a ilusão de movimento. No site Invivo, da Fundação Osvaldo Cruz (www.invivo.fiocruz.br/cgi/cgilua.exe/sys/start.htm?sid=7), encontramos animações ilustrando o funcionamento desses equipamentos.

Figura 2.6 – Simulação de movimento em uma pintura rupestre.

Figura 2.7 – Simulação de movimento no quadro *Nu descendo uma escada nº 2*, de Marcel Duchamp.

A seguir, são listados os dispositivos para produzir a ilusão de movimento com a imagem. Os dispositivos digitais serão discutidos a partir do próximo tópico.

- Dispositivos pré-cinema:
- – Lanterna mágica (1645).
- – Traumatroscópio (1824).
- – Fenaquistoscópio (1828).
- – Estroboscópio (1828).
- – Zootrópio (1834);
- – Livro mágico (flipbook, 1868).
- Cinema mudo, em 1895, com cadência de 18 quadros por segundo, no formato acadêmico (isto é, a razão da largura da tela dividida pela sua altura, que é conhecida como fator de forma, é igual a 4/3 = 1,33).
- Cinema sonoro, em 1927, a 24 quadros por segundo, com o fator de forma de 1,33, como no cinema mudo. A mudança de 18 para 24 quadros por segundo foi necessária para melhorar a sincronia do som com a imagem.
- Cinema colorido, em 1932. Na década de 1950, começam os primeiros formatos mais largos que o acadêmico, como o cinemascope e o cinerama.
- Televisão preto e branco, em 1934, nos Estados Unidos e na Inglaterra, e, em 1950, no Brasil. Ela exibia as imagens nas cadências de 25 ou 30 quadros por segundo, dependendo da frequência da rede elétrica das tomadas, no formato acadêmico.
- TV a cabo, em 1948, nos Estados Unidos e, em 1991, no Brasil.
- Televisão colorida, em 1954, nos Estados Unidos e, em 1972, no Brasil. Foram definidos os formatos National Television System Committee (NTSC) e PAL-M (PAL – Phase Alternate Line), na cadência de 30 quadros por segundo, com 525 linhas de exibição. Na cadência de 25 quadros por segundo e 625 linhas de exibição, existem os sistemas PAL e Séquentiel Couleur à Mémoire (SECAM), sistema da televisão francesa.
- Primeiras imagens digitais para computador, em 1957. Primeiro filme com computação gráfica em 1982 (*Tron*, da Disney).
- Equipamentos de vídeo analógico portátil, surgindo com o primeiro equipamento da Sony, o Portapak, lançado em 1967.
- TV a cabo digital, no início da década de 1990, nos Estados Unidos e, em 2004, no Brasil.

- World Wide Web, disponível para o grande público a partir de 1993 (W3C, 2013).
- Vídeo digital, com a definição do formato DV, em 1995, e do DVD, em 1998.
- Televisão digital de alta definição, lançada em 1997 nos Estados Unidos e em 2006, no Brasil. Exibe com 1.080 linhas, no sistema completo (full), ou com 720 linhas.
- Cinema digital, com os formatos 2K (2.048 por 1.080 pixels) e 4K (4.096 por 2.160 pixels). Os primeiros filmes totalmente capturados com câmeras digitais foram *Vidocq* (2001) e *Guerra nas Estrelas* (2002).
- Dispositivos móveis, que estão em plena evolução com os celulares e os aparelhos PDA (*personal digital assistant*). A Apple definiu o nome PDA e lançou o primeiro aparelho do tipo em 1992, o Newton.
- Projetores digitais para suportes variados.

No próximo capítulo, estudaremos a construção da imagem digital e a codificação e decodificação do vídeo digital, estendendo os conceitos apresentados nestes dois primeiros capítulos.

CAPÍTULO 3

IMAGEM DIGITAL

Neste capítulo, a imagem digital é construída e compreendida. Ele é a base para os próximos capítulos, que vão debater as suas aplicações na cinematografia, nos efeitos visuais, nos jogos digitais, bem como as pesquisas e tendências atuais.

No próximo tópico, discutimos os dois tipos de imagem digital, a raster e a vetorial. Em seguida, as etapas para a formação da imagem digital raster é estudada, desde a entrada da luz nos dispositivos até a saída no formato adequado. Os outros tópicos debatem aspectos importantes e que formam a base da utilização da imagem digital, que são os conceitos de resolução, profundidade de cor, alcance dinâmico, cadência e codificação e decodificação, com os codecs.

3.1. IMAGEM RASTER E IMAGEM VETORIAL

A imagem digital pode ser exibida nos monitores, projetores, óculos de realidade virtual, revistas, jornais, *outdoors* e muitos outros dispositivos.

Também pode ser gerada de diversas maneiras, como por câmeras digitais (de vídeo, de fotografia ou de cinema), scanners, programas de computação gráfica ou placas de vídeo e programas que convertem a imagem analógica em digital. Existem, no entanto, apenas dois caminhos para construir e gerar a imagem digital. E eles fornecem como saída a imagem do tipo raster ou a vetorial.

A imagem raster é a mais utilizada, por conta de seu tipo de construção, que demanda menos tempo de processamento. Sua estrutura de dados é apresentada em um arranjo de pixels. Cada pixel tem um único valor de cor e de intensidade de luz. Esse arranjo de pixels é chamado de *bit map* ou *pixel map*. Praticamente todos os equipamentos de captura e exibição de imagem são rasterizados, isto é, estruturados como um arranjo de pixels, em geral na forma de uma matriz com pixels em linhas e colunas. A imagem vetorial é gerada por primitivas geométricas em programas de modelagem, por exemplo, e precisa ser rasterizada antes de ser exibida em dispositivos do tipo raster, no processo conhecido como render. Esses conceitos serão aprofundados a seguir.

3.1.1. Imagem raster e acuidade visual

A imagem raster é formada como um mosaico de pixels, que podem ter diversos formatos, mas são, em geral, quadrados ou retangulares. Para que se possa perceber a imagem como se fosse contínua, e não feita de elementos discretos, o tamanho do pixel deve enganar a percepção dos olhos. Isso é possível fazendo-se com que seu tamanho seja pequeno o suficiente para que o olho não o possa distinguir. O olho humano tem um ângulo mínimo em que consegue separar dois pontos e isso determina a acuidade visual, como apresentamos no capítulo anterior. O tamanho dos pixels deve estar abaixo da acuidade visual. Na Figura 3.1, temos um gráfico com a faixa de percepção do olho e dos microscópios óptico e eletrônico.

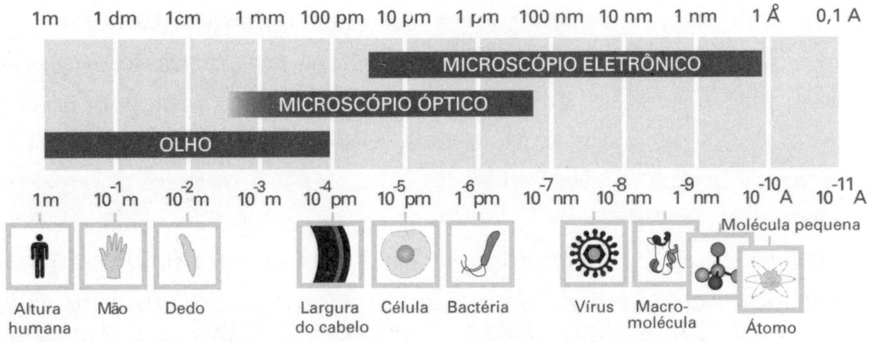

Figura 3.1 – Faixas de percepção dos objetos pelo olho e por dois tipos de microscópio.

A imagem raster é construída levando-se em consideração essa característica do olho. Quanto maior o número de pixels e menor o seu tamanho, maior pode ser a imagem sem que se perceba a estrutura de pixels. Quando uma imagem vai sendo ampliada acima de um valor, a sua estrutura de pixels começa a aparecer e a qualidade da imagem é deteriorada. O número de pixels de uma imagem é chamado de *resolução espacial da imagem*. Na Figura 3.2, observamos a estrutura de pixels de uma imagem de um olho e, na Figura 3.3, temos uma imagem raster em preto e branco ampliada. Observa-se como a estrutura dos pixels é revelada com a ampliação da imagem.

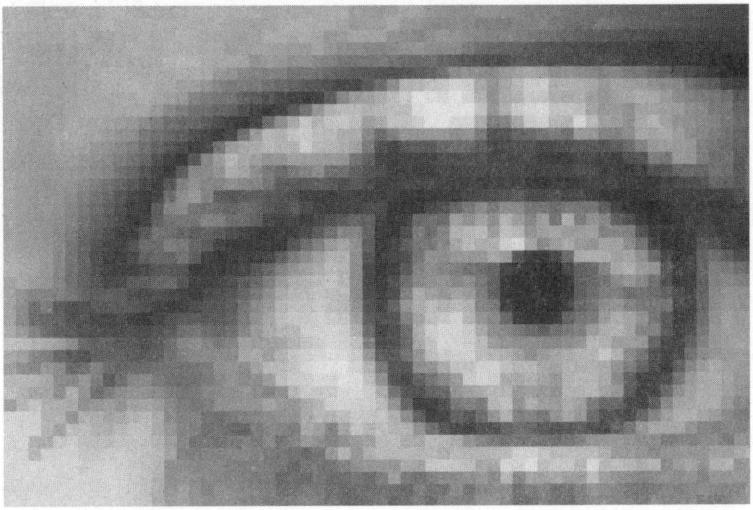

Figura 3.2 – Imagem com os pixels aparentes.

Figura 3.3 – Imagem rasterizada depois de ser ampliada, revelando a estrutura de pixels.

Na imagem colorida, cada pixel é uma mistura das cores básicas. Quando a imagem é gerada em um monitor ou projetor, ela é a combinação das cores primárias, que se misturam aditivamente. Na Figura 15 do encarte, observamos a ampliação da estrutura de pixels de dois monitores de LCD. A cor resultante em cada pixel é a combinação da intensidade do vermelho, do verde e do azul.

Para as imagens impressas, a combinação é feita a partir das cores secundárias, já que a mistura de cores acontece subtrativamente. Cada pixel da imagem tem três pontos, cada qual com a cor ciano, magenta e amarelo. A cor resultante é resultado da quantidade de cada cor secundária que entra na mistura. É dessa maneira que são impressas as imagens coloridas em revistas, jornais, *banners* e *outdoors*. A Figura 16 do encarte mostra uma imagem sendo decomposta nas componentes CMY.

3.1.2. Imagem vetorial

A imagem vetorial apresenta características distintas da imagem raster. Ela é construída por meio de curvas e superfícies definidas por equações matemáticas. Todos os softwares de modelagem tridimensional, como 3DSMAX, Blender3D, Maya e Lightwave, trabalham com a imagem vetorial o tempo todo.

Qualquer imagem pode ser gerada vetorialmente e a facilidade com que isso é feito é cada vez maior, pois os programas de computação gráfica estão evoluindo e a cada dia fornecem ferramentas mais precisas e mais amigáveis para o usuário, e os processadores permitem trabalhar com elas mais rapidamente.

A imagem vetorial não perde qualidade quando é ampliada porque todos os seus dados são recalculados e exibidos enquanto o seu tamanho é alterado. Essa é uma grande vantagem da imagem vetorial com relação à rasterizada. A imagem vetorial, porém, para ser exibida, demanda uma quantidade de processamento maior que a imagem raster. Além disso, existem poucos dispositivos vetoriais de exibição. Isso se deve à dificuldade de descrever as cores nesses dispositivos. A imagem vetorial é então rasterizada para ser exibida, no render.

A imagem vetorial é gerada por meio de primitivas geométricas, que são os pontos, as linhas, as polilinhas, os polígonos e as curvas. A polilinha, por exemplo, é uma sequência de linhas retas conectadas por meio dos seus pontos extremos. Na Figura 3.4, observamos algumas imagens construídas por polilinhas. Em cada um dos desenhos, a curva não parece ser gerada por retas. A extensão dessas retas é pequena e ilude a visão, pois o comprimento das linhas está abaixo do limite da acuidade visual. O desenho da direita é uma representação comum na computação gráfica, que é chamada de estrutura aramada ou *wireframe*. Ela é composta de retas conectadas e o objeto gráfico pode ser observado sem muito comprometimento de processamento. Esse processamento seria maior para exibir o volume do objeto com suas cores e iluminação. Na Figura 3.5, vemos os detalhes que revelam as retas que compõem a imagem.

Figura 3.4 – Dois desenhos construídos por retas curtas, as polilinhas, que dão a impressão de curvas.

Figura 3.5 – Detalhe de uma imagem vetorial exibindo as polilinhas.

Essas primitivas podem ter o seu preenchimento feito com uma cor ou uma textura. Os arquivos das imagens vetoriais armazenam as primitivas, as formas e as cores que os compõem como fórmulas matemáticas. No entanto, os dispositivos vetoriais de exibição apresentam problemas para mostrar as cores e as texturas e o tempo de processamento ainda é grande, comprometendo a qualidade da imagem exibida.

A Figura 3.6 exibe algumas formas geradas vetorialmente: com contorno (A), sem contorno (B) e com diversos tipos de preenchimento (C). Em (D), o preenchimento é feito por meio de operações de união e de intersecção dos polígonos gerados pelas retas.

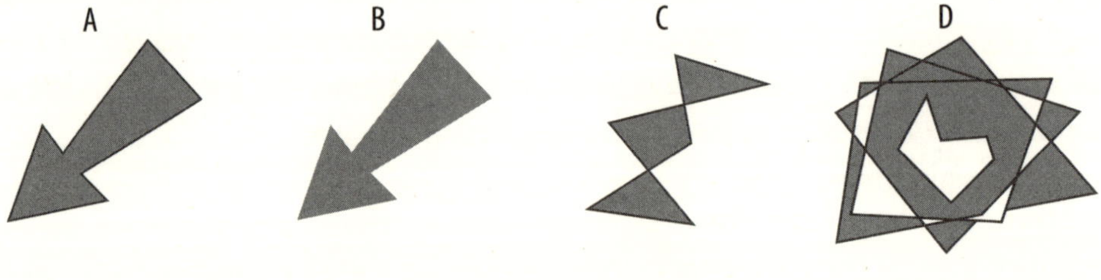

Figura 3.6 – Figuras geradas por retas com preenchimento de cor.

Os dispositivos de exibição vetoriais constroem as imagens desenhando linhas e preenchendo as superfícies delimitadas por essas linhas. Existem poucos exemplos desse tipo de dispositivo em uso. O *plotter*, para impressão de peças gráficas, que funciona muito bem para grandes impressões, como o *outdoor*, funciona vetorialmente, com os pigmentos sendo misturados por linhas. No caso de um monitor de vídeo, a operação para fazer a combinação de cores juntamente com a construção da imagem é mais complexa. No entanto, temos alguns exemplos de monitores vetoriais, como nos aparelhos de controle de voo em aeroportos, no *plotter* e nos monitores dos primeiros jogos.

3.2. ETAPAS PARA A FORMAÇÃO DA IMAGEM DIGITAL

Neste tópico, vamos entender como são realizadas as várias etapas para a construção da imagem digital do tipo raster. Alguns métodos úteis para gerar a imagem digital são:

- Filmadoras digitais de cinema ou vídeo.
- Máquinas fotográficas digitais.
- Imagens capturadas em película, que depois são digitalizadas por meio de escaneamento dos fotogramas ou da telecinagem.
- Imagens capturadas em vídeo analógico e depois digitalizadas por meio das placas de captura de vídeo.
- Imagens *still* escaneadas.
- Imagens totalmente geradas em computador, por meio da computação gráfica.

Em um primeiro momento, quando o sinal ainda é analógico, as imagens passam por uma etapa de pré-processamento, para amplificar e filtrar o sinal. Em seguida, esse sinal analógico vai para o conversor analógico-digital, onde são realizados os processos de amostragem e quantização, possibilitando sua representação e descrição digital. Dependendo do tipo de aplicação da imagem digital, ela então passa pelos processos de segmentação, transformações geométricas, realce e compressão, entre outros. Essas etapas podem ser resumidas da seguinte forma (Pedrini e Schwartz, 2008):

- Pré-processamento.
- Representação e descrição.

Dependendo do que será feito com a imagem:

- Segmentação.
- Transformações geométricas.

- Realce.
- Compressão.

3.2.1. Pré-processamento

Na aquisição da imagem, ela é capturada por um sensor, que a converte em uma representação digital adequada. Os tipos de dispositivos utilizados são o *charged coupled device* (CCD) ou o *complementary metal oxide semicondutor* (CMOS), que são dispositivos de estado sólido. Eles são circuitos integrados compostos de elementos que geram uma corrente elétrica quando a luz incide sobre eles. Existem diferenças na maneira como a energia luminosa é transformada em energia elétrica e em como esse sinal é processado em cada um dos dispositivos.

O CMOS tem a corrente elétrica amplificada em cada uma das células fotoelétricas, ao passo que o CCD realiza esse processo cruzando os dados das linhas de células fotoelétricas. O sinal do CMOS é muito mais ruidoso que o do CCD, mas avanços tecnológicos recentes permitiram reduzir esse ruído e possibilitaram o surgimento de uma nova geração de câmeras e filmadoras (Aptina, 2013). O CCD pode trabalhar em intensidade de luz muito mais baixa que a do CMOS. A descrição da imagem dependerá do tipo e do tamanho do dispositivo, da iluminação, do número de células fotoelétricas e do número de níveis de cinza ou de cores, dentre outros fatores. Os equipamentos de captura de imagem podem ter um ou três dispositivos do tipo CCD ou CMOS.

A Figura 17 do encarte traz um diagrama esquemático da separação das componentes de cores para uma câmera com três CCD ou três CMOS. Um conjunto de três prismas foi projetado para separar a luz em suas três componentes primárias e é chamado de prisma tricroico. Com ele, o verde, o vermelho ou o azul são enviados para direções diferentes. Toda a luz de cada uma das componentes de cor é capturada por cada um dos sensores.

Na Figura 3.7, observamos uma câmera DV aberta, com a lente visível. A lente e o conjunto de três prismas são fixados em um suporte rígido, como está na Figura 3.8. O detalhe do prisma tricroico, que está coberto com um adesivo preto, com os três CCD acoplados, é mostrado na Figura 3.9. As dimensões da óptica e dos sensores não são tão grandes no caso dessa câmera DV e cada sensor tem 5 mm de lado. Para câmeras digitais de cinema, com sensores com 35 mm de lado, começam a surgir problemas de aquecimento e de espaço para o equipamento. O sinal que sai de cada um dos CCD é analógico, pois se trata de uma corrente elétrica. Em seguida, a corrente é amplificada e filtrada, para reduzir o ruído. Somente depois disso o sinal analógico é convertido em sinal digital.

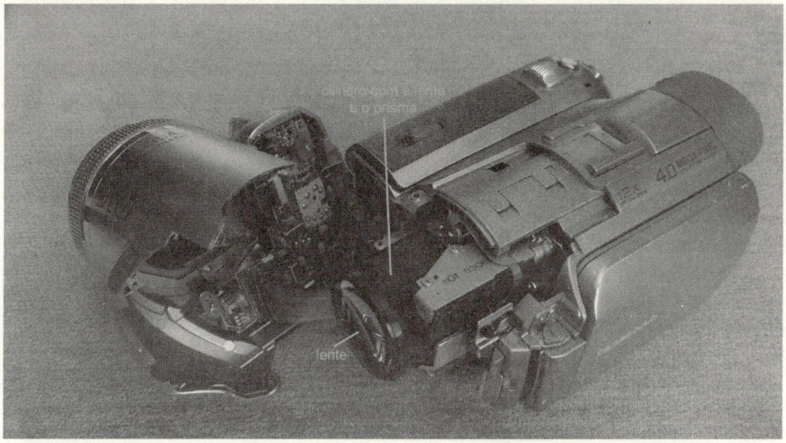

Figura 3.7 – Câmera DV parcialmente aberta, com a lente em primeiro plano. O prisma está na parte fechada da câmera, à direita.

Figura 3.8 – Estrutura rígida com a lente, em uma ponta, e o prisma e os sensores, na outra.

Figura 3.9 – Detalhe do prisma tricroico e dos três sensores.

Para um sensor apenas, a câmera utiliza um filtro na frente do dispositivo, a fim de separar as cores, como a malha de Bayer da Figura 18 do encarte. Ela é uma malha de filtros verdes, azuis e vermelhos, em geral na proporção de 50%, 25% e 25%, respectivamente. Uma camada com lentes, na parte superior, associada à malha, completa o conjunto (veja a Figura 18 do encarte). Câmeras com apenas um dispositivo do tipo CMOS e filtro de Bayer têm sido utilizadas com sucesso. Nos últimos anos, diversos Oscars foram obtidos por produções que utilizaram esse tipo de captura de imagem, como em *Quem quer ser um milionário?*, *O curioso caso de Benjamin Button*, *Avatar* e *As aventuras de Pi* (Academy of Motion Picture Arts and Sciences, 2013). As câmeras de celular e de câmeras fotográficas digitais também utilizam essa estratégia, assim como os scanner.

3.2.2. Amostragem e quantização

Para ser representado digitalmente, o sinal da imagem gerado nos dispositivos é amostrado e quantizado (Pedrini e Schwartz, 2008). Na amostragem e na quantização, o sinal analógico, que tem valores contínuos e é representado pelos números reais, tem de ser representado por bits, isto é, por sequências de 0 e 1, que são discretos. A amostragem é o processo de discretização do domínio de definição da imagem bidimensional, nas duas direções ortogonais, *x* e *y*, para gerar uma matriz de M x N amostras. Cada elemento dessa matriz é chamado de *pixel* (*picture element*). Existe um teorema fundamental da teoria da informação, chamado de teorema de Nyquist-Shannon, que fornece a frequência mínima para uma boa amostragem. Esse teorema demonstra que, se um sinal tem frequência máxima, ele é completamente determinado se a frequência de amostragem é pelo menos o dobro da frequência máxima do sinal. No caso da imagem, o sinal deve ser amostrado quatro vezes, isto é, duas vezes na direção *x* e duas vezes na direção *y*.

Um exemplo prático e direto pode ser obtido do som. Os seres humanos captam os sons entre as frequências de 20 Hz (grave) e 20 kHz (agudo). O som é uma onda e o Hz é uma medida da frequência, representando 1 Hz = 1 ciclo por segundo. As mulheres podem perceber sons um pouco mais agudos que os homens, indo um pouco acima de 20 kHz, isto é, 20 mil ciclos de onda por segundo. Assim, a amostragem do som deve ser maior que 40 kHz para ser corretamente representada, e é o que ocorre. O som de CD é amostrado a 44,1 kHz e o áudio para a televisão e o cinema é amostrado a 48 kHz. Outra opção para reduzir o tamanho do arquivo de som é amostrá-lo a 32 kHz, perdendo assim muita informação na região dos sons agudos.

A quantização, por sua vez, é o número inteiro de níveis de cada componente de cor em uma imagem colorida, ou de níveis de cinza, em uma imagem em preto e branco, permitidos para cada pixel. Esse número inteiro de níveis é representado pelo número de bits. As cores na imagem digital passaram a ser decompostas em suas três componentes a partir do final da década de 1980, com o aumento da capacidade de processamento dos computadores. Essas componentes podem ser a verde, a vermelha e a azul, ou a ciana, a magenta e a amarela, ou o matiz, a luminosidade e a saturação, ou outras variações; todas essas representações da cor devem ser equivalentes. A aplicação de um conjunto ou outro de componentes depende do momento em que a imagem está sendo trabalhada e de sua finalização para exibição.

A quantidade de combinações dessas componentes para gerar todas as cores possíveis é determinada pela quantidade de bits. Um bit permite a representação de duas cores; dois bits, quatro; três bits, oito; e, de forma geral, *n* bits permitem representar 2^n cores. A imagem representada por 8 bits por componente, que é a mais utilizada ainda hoje, conhecida como *Truecolor*, com 24 bits de valores de cor, ou 16,7 milhões, será inevitavelmente substituída por essas novas profundidades de cor, devido ao aumento da capacidade de processamento e à melhora da qualidade visual da imagem. Para a Truecolor, com 8 bits por componente de cor, temos 256 valores de cor para o vermelho, 256 para o verde e 256 para o azul. A imagem resultante tem 16,7 milhões valores diferentes de cor, ou 24 bits. Nos formatos de cinema digital mais utilizados, que possuem a resolução de 2.048 x 1.080 pixels no chamado formato 2K, ou 4.096 x 2.160 pixels no 4K, o número de cores possíveis para cada pixel tem 10 ou 12 bits por componente de cor. Como 10 bits equivalem a 1.024, o número de cores possíveis para essa profundidade de cor é pouco acima de 1,7 bilhão. Para 12 bits, que equivalem a 4.096 valores por componente, temos pouco mais de 68,7 bilhões de cores disponíveis. A Figura 3.10 traz uma representação da digitalização de um sinal, em cujo eixo horizontal são mostrados os intervalos de amostragem e, no vertical, os níveis de quantização.

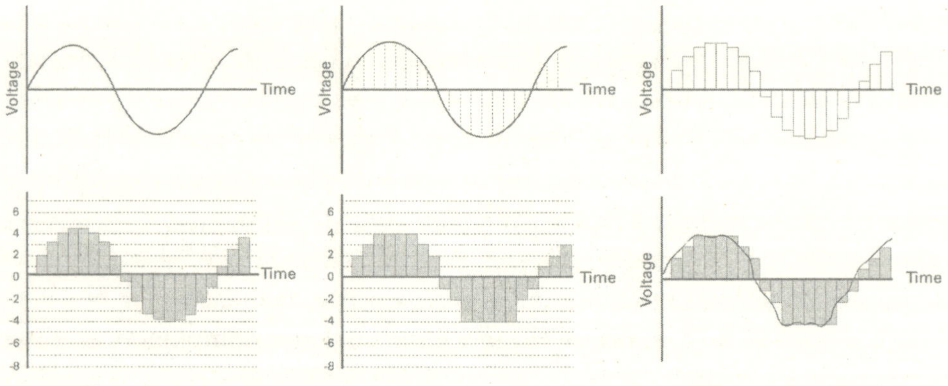

Figura 3.10 – Digitalização de um sinal contínuo.

3.3. RESOLUÇÃO ESPACIAL, PROFUNDIDADE DE COR E ALCANCE DINÂMICO

A qualidade da imagem digital depende da resolução espacial e da profundidade de cor. A resolução espacial está relacionada com a densidade de pixels da imagem, ou seja, com a amostragem. A profundidade de cor está associada ao número de níveis de quantização da imagem. O número de níveis de quantização é uma potência de 2, dependendo do número de bits. Para cada canal de cor, ela é igual a 8 para a televisão digital de definição padrão (SDTV – *standard definition television*) e 8 ou 10 para a televisão digital de alta definição (HDTV – *high definition television*). O cinema digital tem oferecido a possibilidade de se trabalhar com 12 bits por canal de cor. Vale aqui acrescentar que, devido ao número de cores possíveis e às limitações de processamento das filmadoras e dos equipamentos que trabalham com a imagem atualmente, esquemas que já haviam sido usados em situações semelhantes – na década de 1980, quando as imagens tinham apenas 256 cores no total, mas com processamento limitado – estão sendo utilizados pelos profissionais que trabalham com o cinema digital novamente, que são os *lookup Table* (LUT). Nesses esquemas, o número total de cores é aproximado por valores dados em uma matriz. O Cineon é um exemplo de LUT. A discussão desse tema foge do escopo deste livro, apesar do interesse crescente que ele vem despertando (Arri, 2013).

No processo de amostragem, a imagem digital em movimento é mais comumente descrita por meio dos valores de luminância, por todas as cores menos o vermelho e por todas as cores menos o azul, em cada pixel, no chamado formato Y:U:V. De acordo com a taxa de amostragem em cada pixel, temos, em geral, formatos com 4:4:4, 4:2:2, 4:2:0 e 4:2:1. Nesses casos, o primeiro valor é a taxa de amostragem da luminância, ou brilho, e os outros dois são as amostragens das componentes de cor. As informações de cor são subamostradas, abaixo de 4, para diminuírem a quantidade de informações de cores (Digital Video, 2013).

Além do aumento da resolução e da profundidade de cor, a forma como os valores de luminosidade são distribuídos também afeta a experiência visual. A faixa ou alcance dinâmico consiste na diferença entre o valor mais alto e o mais baixo. A distribuição da percepção da luminosidade na visão humana não é linear; ela distingue mais nuances nas cores mais escuras do que em cores mais brilhantes. O comportamento é semelhante às películas, seguindo aproximadamente uma curva logarítmica. Os sensores de estado sólido utilizados para capturar a imagem digital têm um comportamento linear. A solução, em todos esses métodos de captura de imagem, é aumentar a profundidade de cor em bits e distribuir esses valores em uma curva logarítmica, com maior número de valores na região das sombras do que na região de alto brilho. A adoção dessa estratégia, com as cores sendo representadas com 10 bits ou mais e com resolução cada vez maior em sensores com área útil maior, tem permitido aproximar a experiência visual da imagem digital da qualidade visual da película.

Além desses conceitos, existe a razão de aspecto, ou fator de forma, da imagem, que é a razão entre sua largura e sua altura. Esse fator de forma é de 1,33 para a SDTV e 1,78 para a HDTV. Para o cinema em película, as razões de aspecto mais comuns são o cinemascope (2,35), cinerama (2,59), super 35 (1,74), 70 mm (2,21), super 16 (1,67) e super 8 (1,36).

3.4. PROFUNDIDADE DE CAMPO E TAMANHO DOS SENSORES

Os olhos permitem que a luz da cena seja focalizada em um furo, que é a íris, e se projete no fundo da retina. Essa óptica determina a profundidade de campo. A profundidade de campo é a região em torno do plano focal que ainda apresenta nitidez da imagem. A visão deixa em foco uma área próxima à fóvea, que é o ponto da retina que cruza o eixo óptico. Essa área é também onde se concentram os cones, como vimos. A profundidade de campo depende da abertura da íris, da distância focal e de visualização (Hartley e Zisserman, 2004).

A profundidade de campo em uma câmera é determinada pela lente, a abertura da íris e o tamanho do dispositivo que captura a imagem. Quanto menor o dispositivo que captura a luz, seja o fotograma ou o sensor de estado sólido, maior será a profundidade de campo, devido ao tipo de lente que deverá ser usada para imprimir a imagem na área do dispositivo. Essa diferença pode ser percebida comparando-se a imagem capturada por câmeras de cinema de 35 mm e câmeras de vídeo com sensores de ¾ de polegada ou menos, como eram as câmeras de televisão antes da HDTV. Inicialmente, a área de captura de luz desses sensores era menor que 15 mm e produzia imagem semelhante às câmeras de vídeo analógicas. A exibição na televisão gerada por câmeras de televisão tinha uma profundidade de campo muito grande que, muitas vezes, trazia toda a imagem em foco. A profundidade de campo nas imagens das câmeras de 35 mm se aproxima da profundidade de campo que enxergamos no mundo real.

Sensores de estado sólido, como o CCD e o CMOS, atingiram dimensões físicas equivalentes ao fotograma da película, permitindo a fabricação de câmeras de cinema com esses sensores. As câmeras digitais, então, utilizam o mesmo conjunto de lentes das câmeras com película. O aumento da área útil dos sensores, o aumento do número de fotocélulas, a diminuição de seu tamanho e a representação de um maior número de cores impulsionou o seu uso em câmeras de cinema.

3.5. CADÊNCIA DAS IMAGENS

A imagem em movimento possui uma cadência de exibição de quadros (*frames*) por segundo (*frame rate*). O cinema trabalha com 24 quadros por segundo; a televisão e o vídeo analógicos, com 25 ou 30, , em dois tipos de quadro. No caso do vídeo entrelaçado, cada quadro pode ser dividido em dois campos (*fields*). Cada campo faz a varredura das linhas horizontais pares ou ímpares, as quais são exibidas no formato entrelaçado (*interlaced*), para o vídeo analógico. Os dois campos formam o quadro, ou frame, da imagem. A imagem pode também ser exibida com o quadro sem divisão por campos, no caso do vídeo progressivo. É o que ocorre no cinema digital, na exibição nos monitores de computador e na HDTV. O vídeo digital pode utilizar quadros entrelaçados (i) ou progressivos (p), nas cadências 24p, 25p, 30p, 50i ou 60i.

As imagens entrelaçadas exibem um "fantasma" quando são paradas, isto é, quando se exibe apenas um frame. Isso ocorre porque os dois fields estão sendo exibidos simultaneamente, mas, na verdade, eles são gravados em momentos diferentes. Quando elas estão sendo tocadas, em play, isso desaparece.

A inversão da ordem dos fields gera o efeito de serrilhamento das bordas da imagem. As câmeras e os equipamentos de pós-produção permitem configurar qual campo será gravado primeiro. Se houver a troca dessa ordem nos equipamentos, o campo é invertido. Nesse caso, em cada quadro, a sequência temporal dos fields está trocada, provocando o efeito de serrilhamento. Esse problema é muito comum nos comerciais de televisão ou nas vinhetas da programação de televisão. Esse defeito pode ser detectado visualmente. Se o problema está ocorrendo, os campos devem ser invertidos. Artefatos também podem ser introduzidos ao se confundir e trabalhar com vídeo entrelaçado como se fossem progressivos e vice-versa. Os equipamentos permitem escolher o tipo de vídeo e, muitas vezes, essa escolha é feita equivocadamente. Um teste com diferentes configurações permite determinar qual o tipo de vídeo, caso não se tenha certeza dessa informação.

O vídeo traz a informação da posição no tempo de cada quadro de imagem. Essa informação é chamada de *timecode*. Ela é representada por uma sequência de números, com os dados de horas, minutos, segundos e frames. O timecode permite localizar precisamente qualquer quadro do vídeo. O vídeo na cadência de 30 quadros por segundo tem uma particularidade quanto à sua evolução tecnológica: ele, na verdade, tem uma taxa de 29,97 frames por segundo (fps), e não 30. Sendo assim, ocorre uma discrepância entre o número de frames e o timecode. Como a taxa de quadros por segundo não é 30, após uma hora, por exemplo, a contagem de quadros é de 107.892, e não 108.000. A solução encontrada para igualar as duas contagens é chamada de *drop frame* ou *non drop frame*. Na primeira, a cada minuto, são tirados dois quadros do timecode, exceto no décimo minuto. No segundo caso, para cada quadro do vídeo existe um timecode sequencialmente. Essas diferenças podem gerar problemas de sincronização entre o áudio e o vídeo; deve-se entender precisamente com qual tipo de vídeo se está trabalhando.

3.6. *PULLDOWN*

A televisão sempre exibiu filmes na sua programação. No entanto, as cadências do cinema e da televisão são diferentes. No caso do Brasil, deve-se transformar os 24 fps do cinema em 30 fps da televisão. Para a televisão entrelaçada, o problema é ainda maior, pois são 60 campos de imagem. A solução para esse problema foi encontrada, após diversas outras propostas, por meio do telecine e o processo de *pulldown*. No *pulldown*, a velocidade do filme é reduzida de 1/1.000, o que é imperceptível para o espectador. Dessa maneira, a razão entre a cadência do filme, que fica em 24,976 fps, e do vídeo, que está a 29,97 fps, é igual a 4/5. Assim, os frames do filme devem ser distribuídos pelos campos do vídeo. Para fazer isso, utiliza-se o esquema ilustrado na Figura 19 do encarte.

Nesse esquema, nota-se que existem quadros com frames "puros" do filme e quadros com frames misturados. Em um dos processos de montagem de cinema, o filme é telecinado e editado offline em uma ilha não linear, gerando uma lista de corte com as marcações dos quadros originais do filme, apesar de ser cortado como vídeo. Deve-se ter atenção com relação aos frames do vídeo que correspondem a dois frames diferentes do filme.

As filmadoras e câmeras de vídeo digitais também permitem gravar em diferentes cadências. Muitas vezes, tem-se optado por gravar a 24 fps, para depois haver o processo para exibição na televisão. Isso gera uma série de artefatos quando o processo não é feito de forma cuidadosa e metódica. Nunca se viu tantos problemas com artefatos como atualmente na televisão brasileira, seja por problemas de sequenciamento dos fields, seja por problemas de *pull-down* ou de compressão da imagem.

3.7. CODIFICAÇÃO E DECODIFICAÇÃO DA IMAGEM (CODEC)

As técnicas de compressão de imagens foram criadas para se adequar, em cada época, ao espaço de armazenamento em discos e fitas, à quantidade de processamento de dados e ao tempo de transmissão de imagens. Com isso, reduz-se a quantidade de *bits* para descrever a imagem e é possível transferir maior quantidade de informações relevantes com a mesma taxa de transferência de bits (*bitrate*). Os formatos de compressão e descompressão são chamados de *codecs*, conhecidos também como codificadores e decodificadores. Eles podem ser classificados em compressão com perda e sem perda (Gonzalez e Woods, 2010).

A compressão sem perdas baseia-se unicamente na redução de redundância estatística. A imagem resultante, após a descompressão, é exatamente igual à imagem original. A compressão com perdas baseia-se na redução de redundância estatística e na eliminação de informação perceptivelmente pouco relevante. O sistema visual humano é mais sensível a variações de luminância que de cor (crominância). Dessa maneira, a luminância é representada de forma mais completa que a crominância na compressão com perdas. A compressão pode ser do tipo espacial ou temporal, e pode ser feita por meio de diferentes métodos matemáticos, como a transformação discreta de cosseno (DCT - *discrete cosine transformation*), *wavelets* entre outras.

Para manipular digitalmente uma imagem, deve-se conhecer como ela está representada e codificada, ou comprimida. Trabalhar com a imagem digital envolve o processo de rapidamente decodificar a imagem, manipulá-la e codificá-la novamente. O resultado desse processo pode ser familiar para o espectador ou o jogador, mas os conceitos técnicos envolvidos na sua construção são fundamentais para quem trabalha com ela. De acordo com o tipo de imagem e o processo de codificação e decodificação, pode-se prever até que ponto o resultado será aquele que se planejou.

Os hardwares e softwares que lidam com a imagem em movimento oferecem a possibilidade de se trabalhar com diferentes níveis de qualidade de imagem, dependendo de seus recursos intrínsecos. A maneira como o vídeo é descrito digitalmente também determina o que se pode fazer com ele. Quem manipula as imagens deve conhecer esses aspectos para realizar artisticamente qualquer tipo de transformação da imagem, seja uma correção de cor, um *morphing*, uma mudança temporal ou uma composição de imagens, por meio de rastreamento, *mattes*, máscaras ou outras técnicas. Em situações corriqueiras, podem-se gerar artefatos na imagem que não estavam previstos e inviabilizar o trabalho. Este tema será abordado mais profundamente nos Capítulos 4 e 5.

Na maioria das situações, as imagens são comprimidas para que os computadores e suas placas de vídeo possam manipulá-las. A compressão dos dados gerados pela imagem em movimento pode ser obtida por métodos baseados apenas em software ou em uma combinação de hardware e software. A vantagem de se construir uma compressão baseada apenas no software é a de que não se precisa planejar e implementar o hardware para essa função. As desvantagens, entretanto, são economicamente maiores, tendo em vista o tempo de execução do trabalho e a qualidade do resultado, por exemplo. Os métodos mais poderosos de compressão são obtidos por uma combinação de hardware e software. Diversos formatos de imagem em movimento foram criados para lidar com isso.

As técnicas de compressão por software são aplicadas às imagens na medida em que elas são digitalizadas. Dois tipos principais de compressão são empregados: diminuir o tamanho da matriz de pixels da imagem, reduzindo a resolução espacial, ou diminuir a quantidade de informação de cores, a chamada subamostragem (*subsampling*) de cores. A compressão baseada em hardware e software permite que maior quantidade de instruções seja realizada por segundo. Isso resulta em mais tempo para analisar um quadro de imagem, examinando suas redundâncias e atribuindo valores numéricos, antes que o próximo quadro seja processado. Além disso, decisões são tomadas com base em como o sistema visual humano processa a informação.

Dois sistemas importantes de compressão são apoiados em hardware e software: o *Joint Photographic Experts Group* (JPEG) e o *Motion Pictures Experts Group* (MPEG) (Gonzalez e Woods, 2010). A proposta do MPEG, diferentemente do JPEG, é ser utilizado apenas para imagens em movimento e áudio, e foi criado por um comitê de indústrias em 1988. Ele começou a definir formatos em 1990, com base em larguras de banda de transmissão. A primeira proposta, MPEG-1, atendeu inicialmente às necessidades do suporte do tipo CD-ROM, com uma limitação de largura de banda de 150 kB/s. Várias camadas de padrões são definidas para cada proposta MPEG. O MPEG-1 camada 3, por exemplo, para o áudio, gerou o MP3. O MPEG-1 camada 1 viabilizou o VCD. O MPEG-2 tornou o DVD um formato comercial. O MPEG-4 tem sido uma evolução importante dos MPEG-1 e 2, permitindo qualidade superior em arquivos de imagem e som com menos bits por segundo. Alguns codecs mais conhecidos, com algumas aplicações, são mostrados na Tabela 3.1. A Figura 3.11 mostra um quadro comparativo dos bitrates de diversas variações do MPEG.

	type	parameters	used for	examples
DCT based	MPEG-1	< 1,5 Mbps	CDs, Video-CD Internet	Audio: MP2 (MUSICAM, DAB) Audio: MP3 (Internet)
	MPEG-2	1 ... 100 Mbps scalable	DVD, Digital TV (DVB, ATSC)	4:2:2 HP@ML
	MPEG-4	Audio Visual Objects (AVOs) higher compression ratio	Internet - TV	Media Player, Real Player Virtual Studios
	MPEG-7	Content Management Semantic of Scenes	archives retrieval systems (no compression)	Meta Data
	DVCPro	25, 50, 100 mbps (HD)	Panasonic	Eletronic News Gathering (ENG)
	H.261	64 .. 368 Kbps	video conferencing	ISDN nx64K mode
non DCT	Wavelets	0 ... 100 Mbps	video surveillance space missions research	JPEG 200

Tabela 3.1 – Comparações entre os diversos formatos de vídeos.

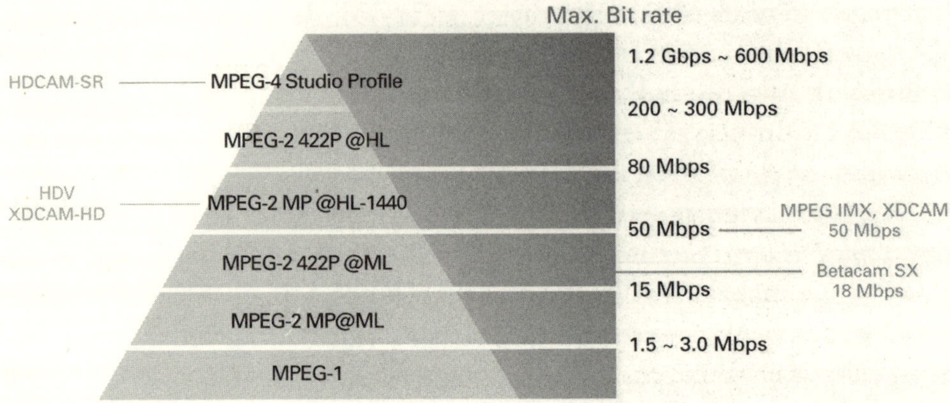

Figura 3.11 – Variações do codec MPEG e bitrates.

O método MPEG baseia-se em uma compressão *interframe* e *intraframe*, em que os dados são armazenados. Dessa maneira, alguns quadros MPEG precisam de quadros codependentes para serem exibidos. O método JPEG utiliza apenas a compressão intraframe. Os quadros (*frames*) MPEG são uma série de quadros chamados de *I*, *P* e *B*. O quadro *I* (*intracoded image*) é codificado intraframe, do tipo JPEG, e seus dados são independentes dos outros quadros. *P* (*predicted image*) é um quadro predito, isto é, os dados são preditos de um quadro anterior intraframe ou de um predito. *B* é o quadro bidirecional (*bidirectionally interpolated image*) onde os dados são interpolados dos quadros *I* e *P* mais próximos.

Quando o processo de compressão MPEG tem início, um quadro é codificado. Esse quadro do tipo I é do mesmo modelo usado na compressão JPEG. Os frames P são criados com base no código preditivo. Um frame I é criado e, imediatamente, um frame P é predito. Mais frames P são construídos até o momento de criar um novo frame I. Entre os frames I e P existem frames do tipo B. O quadro I é criado, em geral, quando há mudança de movimento nos pixels nos frames que serão comprimidos. No entanto, no MPEG, aproximadamente a cada meio segundo, há um novo frame I. Com os frames P e B já há uma diminuição dos dados utilizados, já que somente o frame I possui os dados completos. A Figura 3.12 exibe um diagrama dos diferentes tipos de frames na compressão MPEG.

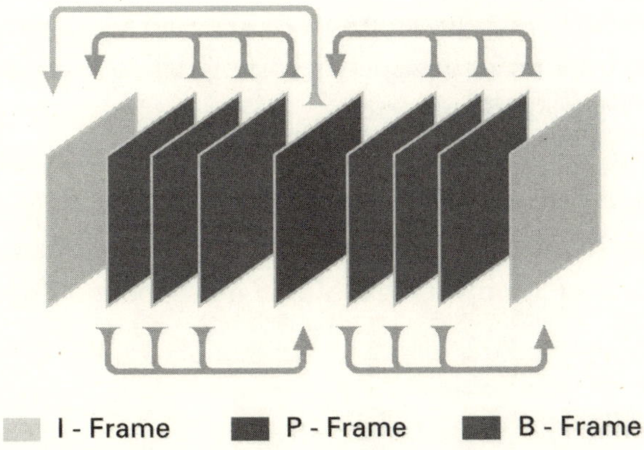

Figura 3.12 – Representação esquemática dos frames I, P e B da compressão MPEG.

3.8. FORMATOS DE IMAGENS DIGITAIS EM MOVIMENTO

A imagem digital em movimento possui uma ampla gama de formatos, seja para a televisão, o cinema ou as novas mídias. Novos formatos têm se somado aos existentes nos últimos anos, como o HDV (*high-definition video*), de 2003, e outros estão por ser estabelecidos definitivamente, como o intervalo 2K a 4K e o 8K para o cinema. Eles são definidos a partir de acordos da indústria, para padronizar a produção de equipamentos de aquisição, processamento e exibição de imagens, gerando a melhor relação custo/benefício. Cada formato baseia-se em uma definição de taxa de compressão, resolução espacial, razão de aspecto, amostragem, profundidade de cor e bitrate. O formato determina os tipos de efeitos visuais e o tratamento digital de imagens possíveis.

A televisão digital de definição padrão (SDTV) possui razão de aspecto 4:3, profundidade de cor de 8 bits e diversas resoluções espaciais e de amostragem. A televisão digital de alta definição (HDTV) tem razão de aspecto 16:9 e algumas resoluções espaciais, com profundidade de cor de 8 ou 10 bits por canal de cor. O cinema digital pode ter resolução de 2.048 x 1.080 pixels, no formato digital 2K; de 4.096 x 2.160 pixels, no formato 4K; ou valores intermediários, com 8, 10 ou 12 bits de profundidade por canal de cor. Na Figura 3.13, é possível comparar as diferentes resoluções e fatores de forma dos padrões de televisão digital. Para a imagem HDT full, há uma linha cortando verticalmente, à esquerda, mostrando como a imagem seria exibida se o fator de forma, ou a razão de aspecto, fosse igual ao formato acadêmico, isto é, quatro larguras para três alturas.

É importante notar que, em 2006, o Brasil adotou o sistema de televisão digital japonês, o Integrated Services Digital Broadcasting (ISDB). No mundo atual existem também o sistema norte-americano, chamado de Advanced Television Systems Committee (ATSC), e o europeu, o Digital Video Broadcasting (DVB).

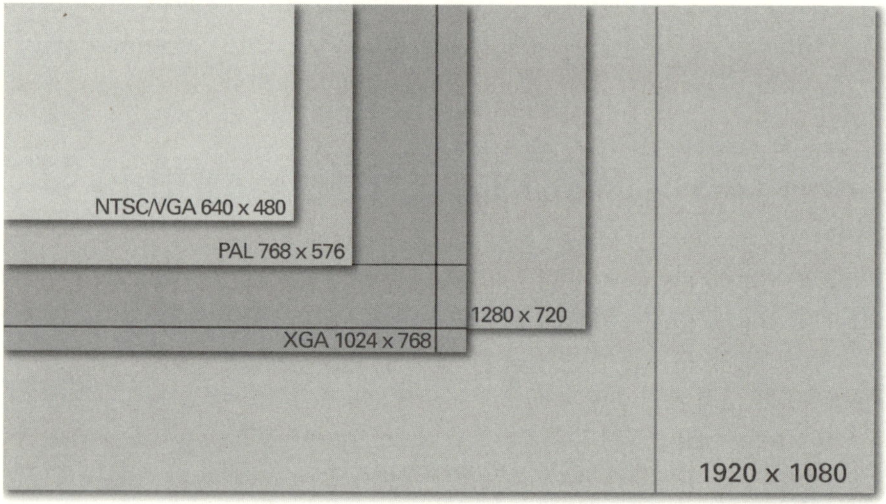

Figura 3.13 – Diversas resoluções de televisão, SDTV e HDTV: 1.920 x 1.080 pixels é a full HDTV.

O SDTV, para o NTSC e o PAL-M, tem resolução de 640 x 480 pixels ou 720 x 480 pixels, com frames progressivos ou entrelaçados. Alguns formatos de vídeo SD, com subamostragem e fabricante respectivos, são:

- XDCAM (4:2:2) (Sony).
- DVCAM (720 x 576), 4:2:0 (PAL), 720 x 480, 4:1:1 (NTSC) (Sony).
- DVCPRO (4:1:1) (Panasonic).
- DVCPRO50 (4:2:2) (Panasonic).
- D-9 ou Digital-S (JVC).
- DV e mini-DV (4:1:1 e compressão de 5:1).

O formato HD tem resolução de 1.280 por 720 pixels (720p) ou de 1.920 por 1.080 pixels (1.080i ou 1.080p) no HDTV full. No caso da HDTV norte -americana, as redes de esporte adotaram 720p (progressivo), pois os espectadores gostam de pausar e fazer slow motion, e um frame tem toda a resolução vertical. Como novelas ou filmes não são vistos em slow motion, as redes exibem em geral a 1.080i (entrelaçado). Alguns formatos de vídeo HD são:

- HDCAM e HDCAM SR da Sony, um dos primeiros formatos comerciais de HD, com amostragem de 4:4:4 para a HDCAM SR e bitrate de 880 Mbit/s.
- DVCPro-HD/ DV100/ D7-HD da Panasonic. O DVCPro-HD tem resolução de 720p ou 1.080i para uma variedade de frame rates. Para 1.080i, somente 1.280 pixels horizontais são gravados, gerando perda de resolução.

Para o cinema, as definições básicas são:

- Resolução 2K:
  - Fator de forma 1.85:1 = 1.998 x 1.080 pixels (24 fps e 48 fps).
  - Fator de forma 2.30:1 = 2.048 x 858 pixels (24 fps e 48 fps).
  - Fator de forma 1.89:1 = 2.048 x 1.080 pixels (24 fps e 48 fps).

- Resolução 4K:
  - Fator de forma 1.85:1 = 3.996 x 2.160 pixels (24 fps).
  - Fator de forma 2.39:1 = 4.096 x 1.716 pixels (24 fps).
  - Fator de forma 1.89:1 = 4.096 x 2.160 pixels (24 fps).

Os formatos de distribuição e exibição serão discutidos no tópico "Distribuição e projeção", mais adiante.

CAPÍTULO 4

CINEMATOGRAFIA DIGITAL

4.1. PIPELINE QUÍMICO E PIPELINE DIGITAL

O termo cinematografia muitas vezes está associado à imagem capturada pela câmera e ao trabalho realizado para obter essa imagem. No entanto, o seu significado é muito mais amplo. A definição de John Hora para o *American cinematographer manual* aponta nuances dessa atividade:

> Cinematografia não é uma subcategoria da fotografia. Em vez disso, fotografia é apenas uma técnica que o cineasta usa em conjunto com outras técnicas físicas, organizacionais, gerenciais, interpretativas e de manipulação de imagens para efetuar um processo coerente (Burum, 2007).

Muita polêmica tem surgido sobre a cinematografia com a expansão do uso de recursos digitais. Em 2013, o diretor de fotografia Christopher Doyle comentou a cinematografia do filme *As aventuras de Pi* (Lee, 2012), que teve grande parte de suas cenas realizadas com o auxílio da computação gráfica. O filme recebeu diversos prêmios de cinematografia em festivais de cinema, como o Oscar, o Bafta e o American Society of Cinematographers (IMDb, 2013a). Doyle disse, depois de muitos insultos, que o filme "não é cinema e não é cinematografia... Se alguém manipulasse tanto minha imagem, eu nem iria aparecer" (Gaskin, 2013).

Christopher Doyle é um respeitado diretor de fotografia australiano, que realizou a maior parte dos seus trabalhos na Ásia e tem em seu currículo diversos prêmios de cinematografia em produções com diretores como Kar Wai Wong, Yimou Zhang, Gus Van Saint e Phillip Noyce (IMDb, 2013b). A sua opinião é compartilhada por outras pessoas que trabalham na indústria cinematográfica, mas que não vieram a público de forma tão contundente. Quentin Tarantino lamentou a queda da produção em película ao comentar seu filme *Django livre* (2012), que disputou o Oscar de cinematografia com *As aventuras de Pi*. Tarantino disse que a tecnologia digital está forçando o seu afastamento da produção cinematográfica (THR's Staff, 2012).

Na premiação de cinematografia da Academy Awards concorreram dois filmes realizados com câmeras digitais (*As aventuras de Pi* e *007 – operação Skyfall*) e três produções em película de 35 mm (*Django livre*, *Lincoln* e *Anna Karenina*). Em anos anteriores, ocorreram situações semelhantes, com alguns filmes realizados no formato digital vencendo o prêmio de cinematografia, como *Avatar* (2009) e *O curioso caso de Benjamin Button* (2008). O chileno Claudio Miranda, diretor de fotografia de *As aventuras de Pi*, também recebeu diversos prêmios de cinematografia por outros trabalhos, como em "O curioso caso de Benjamin Button" (IMDb, 2013c).

A migração do formato em película para o digital tem acontecido paulatina e definitivamente. Como resultado, algumas companhias fabricantes de película para fotografia e cinema têm, aos poucos, abandonado a fabricação de filme no formato celuloide. A introdução de recursos digitais na produção cinematográfica começou com os aplicativos desenvolvidos para gerenciar projetos, com planilhas de produção e financeiras, como em tantas outras atividades gerenciais. No entanto, os métodos digitais transformaram radicalmente todas as etapas da produção cinematográfica. Atualmente podemos optar por dois fluxos completos de trabalho com a imagem no cinema, um químico e o outro digital, ou uma mistura dos dois.

O setor de edição e montagem foi o primeiro a sofrer essa transformação, com a introdução da edição não linear digital na década de 1990. Em seguida, a pós-produção abandonou a impressora óptica e adotou um fluxo de trabalho digital, utilizando o bem-sucedido método de escanear cada quadro da película com laser e transformá-lo em um quadro digital para manipulação na pós-produção digital, gerando o digital intermediate. A distribuição e a projeção digital também se popularizaram à medida que novas tecnologias se desenvolveram. Nos últimos anos, com os sensores de estado sólido atingindo as dimensões do fotograma, as câmeras digitais de cinema começaram a ser produzidas, substituindo as filmadoras com película. Atualmente, todas as etapas da produção cinematográfica podem ser realizadas somente com bits. Os motivos do sucesso do formato digital têm sido técnicos, econômicos e de praticidade. Novos avanços tecnológicos têm permitido que o cinema digital se aproxime, em qualidade visual, do cinema em película.

De forma resumida, na produção totalmente realizada em película, a imagem é capturada pelas filmadoras, utilizando um filme com características adequadas para a iluminação e as texturas de figurinos e cenários da cena. A película que recebeu a luz das cenas é então enviada ao laboratório para ser revelada, com os banhos químicos e seus tempos ajustados para as características do filme, a fim de obter os resultados visuais previamente planejados em cada rolo de filme. O resultado pode, muitas vezes, ser frustrante nesse momento. Um depoimento de um resultado insatisfatório foi feito por Jean-Pierre Jeunet comentando a fotografia do filme *Délicatessen* (1991) comparada ao filme que teve digital intermediate na pós-produção, *O fabuloso destino de Amélie Poulain* (2004).

Uma cópia dos rolos de película é enviada para a mesa de montagem, com a finalidade de montar o filme e separar as cenas que serão trabalhadas na pós-produção. Para a película, a pós-produção utiliza a impressora óptica para fazer alterações na imagem original e inserir letreiros, como será abordado no próximo capítulo, sobre pós-produção e efeitos visuais. A partir das marcações de cortes da edição e da marcação de luz do diretor de fotografia, gera-se o interpositivo, também chamado de master, para gerar as cópias para exibição.

O filme é então preparado para distribuição adicionando a trilha de áudio (Malkiewicz e Mullen, 2005).

Neste capítulo, essa transformação nos meios de produção cinematográfica é debatida, procurando as razões do sucesso do formato digital de um ponto de vista técnico. O objetivo é procurar entender por que a produção digital vem sendo cada dia mais adotada como padrão em todo o fluxo de produção e se os protestos veementes contra isso têm fundamento. O diretor Christopher Doyle disse, na entrevista em que criticou a cinematografia do filme, que não tinha assistido a *As aventuras de Pi*. Então, qual é a origem de toda essa polêmica?

Nos tópicos a seguir, serão apresentados os setores da produção cinematográfica que utilizam ferramentas digitais, na sequência dos que implementaram primeiro estas ferramentas, com um breve histórico da transformação e exemplos de produção. O objetivo é demonstrar que a finalidade da cinematografia é ajudar a contar uma história e criar uma experiência. O caminho seguido para isso é o mesmo para o cinema em película e para o cinema digital.

4.2. EDIÇÃO NÃO LINEAR

A montagem para o cinema em película era realizada manipulando-se diretamente o positivo ou o negativo do filme. Nos primeiros tempos, a montagem era feita observando cada quadro contra a luz, cortando a película nos pontos de corte de entrada e saída da tomada e colando no ponto de corte da próxima tomada na sequência. Na década de 1920, começaram a ser introduzidas as primeiras máquinas que permitiam montar o filme sem tocar a película, com dispositivos mecânicos e elétricos. São dignas de menção a Moviola, a Steenbeck e muitas outras mesas de montagem por onde toda a produção cinematográfica passava para ser cortada. Essas mesas ainda são utilizadas quando se vai montar em película, mesmo que se faça uma edição prévia em uma ilha de edição digital não linear.

Os termos edição e montagem geram algumas confusões no português. A palavra montagem é utilizada para o cinema por influência cultural francesa. Edição é, em geral, usada para televisão e outras mídias por influência da língua inglesa, tendo sido introduzida com a transmissão para televisão, seus métodos e equipamentos. Os dois processos, contudo, são chamados por apenas um nome em cada uma das línguas de origem. Em inglês, existem os termos *video editing* e *film editing*; no francês, *montage cinématographique* e *montage vidéographique*.

Na edição, são escolhidos os pontos de entrada e de saída do material bruto que vai entrar na sequência final. O material bruto é o material gravado ou filmado para contar a história do filme. O intervalo entre o ponto de entrada e o de saída é chamado de plano ou tomada. Cada plano que interessa à história vai sendo inserido na sua posição na sequência editada. É possível aplicar efeitos de transição entre esses planos, como as fusões (dissolve), os *fades in* e *out*, o *dip to color* e os *wipes*, ou simplesmente um corte seco. Todas essas etapas são realizadas na ilha de edição digital, que é o conjunto de equipamentos para fazer a montagem. Uma ilha de edição bem equipada inclui o software de edição no computador que controla todo o processo, os bancos de memória das imagens, os aparelhos para dar entrada das imagens nos bancos de memória, medidores de qualidade da imagem, mesa de áudio com equalizador e os monitores de televisão e de áudio. Pode-se fazer também a edição do áudio.

O processo de edição de imagem e de som é semelhante à edição de texto; essa semelhança é ainda maior com as ilhas digitais. O editor pode sobrepor, inserir ou substituir os planos na sequência como se fossem palavras em uma frase ou frases em um parágrafo de um programa de edição de texto.

Pode-se, grosso modo, definir a edição como o trabalho de conexão de uma ou mais tomadas para formar uma sequência e a subsequente conexão das sequências para formar a peça audiovisual. É uma atividade que está no limiar entre a arte e a técnica. É, então, a arte que traz ritmo à obra, continuidade narrativa para a imagem e o som, refinamento dos planos visuais e que faz a inserção do som, da música, dos letreiros e dos efeitos visuais e especiais. É uma das atividades-chave do audiovisual e o profissional da área tem grande ascendência na construção do resultado final do produto audiovisual.

Existem dois tipos de equipamento para edição, que dependem do tipo de ilha: linear e não linear. A edição linear acontece quando se tem de correr as fitas de vídeo ou os rolos de filme para se encontrar uma tomada, correndo a fita ou o rolo até o ponto em que a tomada se encontra. Na transição da imagem analógica para a digital, surgiram algumas ilhas digitais lineares. Nelas se simulavam, no programa, as fitas e os rolos. Assim, para se usar uma tomada, era necessário correr uma fita ou rolo virtual no próprio computador. Isso foi feito para que os editores e montadores, acostumados com a edição linear analógica, pudessem se adaptar à nova linguagem digital.

Tanto nas ilhas digitais lineares quanto nas não lineares, as imagens e o som são passados para dentro dos discos rígidos, no processo conhecido como digitalização. É fundamental que todo o material seja rigorosamente organizado no programa de edição, para que as tomadas sejam encontradas facilmente durante o trabalho de edição. Nas ilhas não lineares, as tomadas são acessadas imediatamente com um clique do mouse. A maior vantagem de usar a edição digital não linear é que se pode acessar imediatamente o quadro da tomada, clicando no ícone da cena. Não é preciso correr rolos de filme para encontrar o frame. O acesso é randômico, no banco de memória. Na edição em computador, a troca e a manipulação de velocidade de tomadas e a determinação dos cortes podem ser feitas no momento em que se quiser e precisar, apenas escolhendo-se arquivos de vídeo e áudio indicados pelos apontadores (*pointers*), vendo e ouvindo as cenas e as mudanças em tempo real. Essas são algumas características e atrativos da edição não linear digital.

O nome não linear deve-se a esse acesso randômico aos dados gravados. Ainda existe a necessidade de se correr as fitas para que se faça a digitalização do material que por ventura estiver em fitas. Com a substituição das fitas por cartões de memória, esse processo é feito de forma não linear em todas as etapas.

Além desses processos, temos também a edição offline e a edição online em algumas produtoras. Elas existem para melhorar o fluxo de trabalho e otimizar os custos envolvidos. A ilha offline é, em geral, usada para definir como a edição vai ficar e o custo da sua hora de trabalho é quase dez vezes menor que da edição online. Na ilha offline, coloca-se todo o material gravado nos discos rígidos em baixa resolução e faz-se a edição utilizando esse material. Ao final, com o trabalho concluído, gera-se um arquivo de texto chamado lista de decisões de edição (EDL - *editing decision list*), que é levado para a edição online. Esse arquivo contém todos os pontos de entrada e saída do material, tanto na fita quanto na sequência editada, bem como o número da fita e os timecodes. Esse arquivo é reconhecido pela ilha de edição online, que então passa a digitalizar automaticamente somente o material editado, deixando uma sobra de alguns segundos antes e depois de cada plano (head e tail), ou utiliza apenas as tomadas que serão usadas na edição final, caso o formato original já seja digital. Na ilha de edição online, o material é digitalizado com a resolução máxima e o trabalho é finalizado, inserindo-se o som pelo produtor de som ou maestro, os efeitos visuais e os videografismos.

Algumas estratégias foram desenvolvidas para editar uma história filmada no computador. A primeira função do equipamento digital de edição foi gerar um arquivo de texto com os cortes, já que as imagens digitais com que se trabalhava na época, década de 1990, eram de baixa qualidade. Os rolos do filme são digitalizados e colocados no banco de memória do computador. Nos primeiros anos, a imagem era como um rascunho da película, em baixa resolução. O arquivo de texto é chamado de lista de corte (cut list) para o cinema e lista de decisões de edição (EDL) para a televisão, e tem as informações dos pontos de entrada e saída de cada tomada, os números do rolo ou da fita e observações sobre efeitos e luz. A partir dele podia-se começar o trabalho na mesa de montagem para o cinema ou nos equipamentos online para a televisão.

Para armazenar as imagens em bits, foram inicialmente utilizados discos ópticos (Murch, 2004), discos rígidos com busca redundante, fitas de vídeo e a telecinagem. A telecinagem é um processo desenvolvido para a veiculação de filmes na televisão. A película projetada a 24 quadros por segundo é passada para uma fita magnética de vídeo a 25 ou 30 quadros por segundo, dependendo do sistema de televisão. Com o hardware, representado pela placa de captura de vídeo adequada, é possível transformar o sinal componente do vídeo analógico em vídeo digital, que pode ser armazenado em dispositivos de memória, como os discos rígidos. A fita de vídeo tem uma trilha em seus canais magnéticos muito útil: o timecode. O timecode permite que cada quadro de imagem tenha a sua marcação no tempo, que é transmitida para o formato digital juntamente com o vídeo e o áudio, que estão em outros canais separados da fita magnética. Ao armazenar as imagens da fita nos discos do computador, tem-se o vídeo, o áudio, o timecode, os números de borda do rolo de filme e os metadados, que são armazenados no momento de salvar o arquivo gravado. Os metadados podem conter todo tipo de informação em textos, muitas vezes escritos pelo assistente de edição, como número da tomada, tipo de lente, detalhes da gravação etc.

Algumas estações de trabalho, que forneciam o hardware e o software em um mesmo pacote, foram desenvolvidas nesses primeiros tempos para editar imagens geradas em película que eram armazenadas digitalmente, mesmo que em baixa qualidade. Com o software, era possível transformar o timecode da fita em números de borda de cada tomada filmada. A saída principal desses softwares era um arquivo de texto com os números de borda e o timecode de cada corte e de cada intervenção na imagem. Esse arquivo é/era utilizado para fazer os cortes na película em mesas de montagem.

O software Film Composer da AVID foi um dos programas mais bem-sucedidos nessa época e ajudou a mudar paradigmas (Avid, 1996). Segundo Murch (2004), 1995 foi o ano em que o número de longas metragens editados em computador suplantou o método tradicional em película. Todos os críticos atuais da cinematografia digital utilizaram esse método em suas produções. Editei um longa metragem, *Aleijadinho* (2001), em uma estação Film and Media Composer, da Avid, em 1999. Essas estações são até hoje utilizadas para fazer edição offline na mesma configuração da década de 1990.

A maneira de se montar filmes mudou radicalmente desde 1990. Até então, a montagem era feita exclusivamente em Moviolas ou em mesas planas, como a Steenbeck e a KEM, cortando-se os rolos de filme nos pontos de edição e criando as sequências.

Nos últimos anos, as ilhas digitais têm sido utilizadas intensamente, tornando-se um padrão na montagem, em três circunstâncias distintas. Na primeira, passam-se todos os rolos de filme para o formato de vídeo, com as marcações do negativo e o timecode presentes nas partes superior e inferior do vídeo. Esse é o processo de telecinagem. Em seguida, edita-se todo o filme numa ilha não linear offline, com os programs Avid ou Final Cut, por exemplo, gerando-se, ao final, uma lista de corte (cut list), que é o arquivo de texto com todas as marcações do filme. Utiliza-se então essa lista de corte para montar o filme em uma mesa de montagem. A vantagem é que se podem testar diversas alternativas com agilidade na ilha digital, o que é trabalhoso na mesa de montagem. A Figura 4.1 mostra uma ilha Steenbeck, onde se pode ver os rolos de filmes e os dois monitores de visualização da imagem, o da esquerda para o material bruto e o da direita para o material editado.

Figura 4.1 – Mesa horizontal de montagem Steenbeck (http://commons.wikimedia.org/wiki/File:Steenbeck_16mm_flatbed_ST_921_(6498616815).jpg).

Na segunda alternativa, os rolos de filme são escaneados, quadro a quadro, e passados para a forma de imagem digital. Na terceira, a imagem já é gravada digitalmente. Nessas duas últimas formas, o filme é montado digitalmente e é preparado para a distribuição digital. O produto final pode também ser passado novamente para película, para ser distribuído nas salas de cinema que não são digitais, por meio do processo denominado transfer. O material bruto, digitalizado para um longa-metragem, ocupa, em geral, mais de 10 terabits (1 terabit = 1.000 gigabits = 1.000.000 megabits) de espaço nos discos rígidos.

Atualmente, as filmagens podem ser realizadas com câmeras digitais e as cenas são gravadas em discos de memória. Essas imagens são diretamente acessadas pelo equipamento de edição e editadas no original ou em uma cópia digital preparada para a montagem, o digital intermediate, nessa etapa da pós-produção.

4.3. ILHAS DE EDIÇÃO NÃO LINEARES

Para se editar nos formatos DV ou HDV, bastam uma placa e uma conexão firewire para dar entrada e saída do material gravado. Os processadores superior a Pentium 4 ou Power PC têm capacidade suficiente para lidar com esses formatos; assim, basta um software de edição para trabalhar com eles. Para formatos digitais mais sofisticados, como os de cinema 2K ou 4K, é necessário utilizar placas de vídeo, processadores mais rápidos e discos rígidos especiais, dependendo do caso. No cinema digital, existem fluxos de trabalho (workflow) distintos, que dependem da câmera utilizada e do tipo de representação da imagem, como o LogC e o LUT Cineon.

As interfaces dos softwares de edição mais populares, como o Premiere, o Vegas, o Final Cut ou o Avid, são parecidas, seguindo uma arquitetura semelhante às das mesas planas Steenbeck, adotadas inicialmente pelo Avid. Elas possuem duas janelas para visualizar a mídia e as ferramentas de edição são configuradas com base nas mesas planas. Já as interfaces das ilhas Smoke e da família da Quantel são diferentes, com uma arquitetura que requer uma abordagem diferente.

A interface do Premiere é apresentada na Figura 4.2 e a do Final Cut, na Figura 4.3. Pode-se perceber as semelhanças das duas interfaces, com as ferramentas ocupando as mesmas posições. É possível configurar a interface de acordo com as preferências do usuário.

Figura 4.2 – Interface do Adobe Premiere, com destaque para as diversas ferramentas.

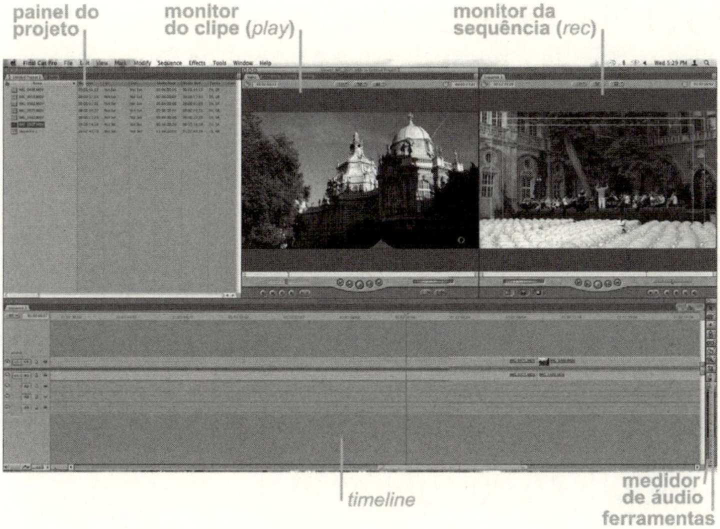

Figura 4.3 – Interface do Final Cut, semelhante à arquitetura da mesa Steenbeck.

As ilhas de edição podem trabalhar com um ou dois monitores para visualizar a interface do software. É aconselhável ainda ter um outro monitor, de televisão, para visualizar a imagem que está sendo trabalhada. A ilha também pode contar com um vectorscope e um waveform para controlar a qualidade da imagem em cor e brilho. Essas ferramentas também se encontram incorporadas nos softwares de edição, mas o controle externo é mais eficiente. O vetorscope é uma ferramenta que mede a intensidade da crominância, indicando os níveis máximos aceitáveis para as cores primárias e secundárias. O waveform mede a luminância para a imagem.

A parte superior da interface tem a barra de menus, com todas as ferramentas e utilitários do software. No canto superior esquerdo encontra-se toda a mídia envolvida na edição, com a lista de clipes, de imagens escaneadas ou geradas por outros softwares, de áudio e as sequências editadas. Mais à direita, temos os dois monitores para visualizar, em baixa resolução, o que está sendo editado. O monitor da esquerda mostra o clipe do material bruto e o da direita, a sequência que está sendo editada. Logo abaixo dos monitores encontram-se os controladores do vídeo, para tocá-lo, andar quadro a quadro, retornar, ir ao início e ao final e para marcar os pontos de entrada e saída. Existem alguns outros controles, dependendo do software.

No canto inferior direito, encontram-se diversas ferramentas para manipular a imagem editada e o visualizador do nível de áudio. Mais à esquerda, encontra-se a timeline, a linha de tempo, com o material editado. Ela contém diversas pistas de vídeo e de áudio, cujas saídas podem ser feitas simultaneamente. No canto inferior esquerdo, estão os controles para cada uma dessas pistas.

Além dessas interfaces, existem outras opções, de acordo com o que está sendo feito na edição, como uma interface para composição gráfica e para efeitos visuais, para equalização do som ou para controle da imagem, com o vetorscope e o waveform.

4.4. PÓS-PRODUÇÃO NO AUDIOVISUAL

A pós-produção é uma das etapas da realização de uma obra audiovisual e existe desde o início do cinema. Ela começa efetivamente após a filmagem ou gravação das imagens, e compreende a edição ou montagem, a composição digital, a sonorização, os efeitos visuais e a computação gráfica, a colorização e a finalização do audiovisual. Porém, em muitos casos, o pessoal de pós-produção participa e é consultado em todas as etapas da realização do audiovisual, seja no momento em que está sendo escrito o roteiro, na pré-produção e na filmagem ou gravação das cenas. Em geral, no Brasil, ela restringe-se exclusivamente à edição de imagens e do som, mas deveria ir muito além disso, considerando-se os recursos disponíveis atualmente em qualquer ilha de edição. Essa ausência de um cuidado maior com a pós-produção pode ser notada na produção cinematográfica, na teledramaturgia, na publicidade e na própria internet. A situação tem se agravado nos últimos anos, com a disponibilização de diversos formatos digitais, com diferentes cadências de imagem e com os recursos disponíveis para o processamento das imagens.

Existe bastante confusão com relação ao tema "pós-produção e efeitos visuais" e sobre a sua prática e as suas possibilidades no auxílio à narrativa. A razão dessa situação deve ser analisada também para apresentar soluções através do debate sobre os diversos tipos de recursos e de sua utilização nas mais variadas circunstâncias. Muitas vezes, esse tema assume o papel de um tabu, em que as posições são antagônicas e apaixonadas, seja considerando sua simples utilização como pertencente a uma filmografia e videografia mais tecnológica e, segundo os defensores desse ponto de vista, com menos requinte artístico, seja encarando-a com completo deslumbramento e sem qualquer tipo de crítica com relação à qualidade artística e técnica do que está sendo realizado.

Como bem observa Lucena Júnior (2008):

> A arte se fundamenta na técnica. A operação da arte é uma operação da técnica. Mas a arte também opera uma linguagem – que é lícito pensar deva ter surgido com os instrumentos. O trabalho de arte, portanto, envolve uma seção operacional e uma seção expressiva, de tal maneira interligadas a ponto de existir uma fusão dessas instâncias numa complementaridade de interesses indissociável em que a arte é enriquecida pela sutil exploração da técnica.

Na realização de um trabalho, também deve ser estudada a experiência subjetiva da percepção da imagem e do som. Em certas narrativas, parece existir um acordo implícito com o espectador de tal maneira que, por mais irreal que o efeito visual pareça, ele é incorporado naturalmente no contexto da história e a imagem modificada é assimilada sem qualquer problema. Por outro lado, em certos tipos de filme, a plateia exige que a imagem trabalhada seja o mais próxima de um conceito do que seria real. O efeito, assim, é bom quando não é percebido como tal.

O aumento da capacidade de processamento dos computadores pessoais, a disponibilização de ferramentas sofisticadas em softwares de baixo custo e as câmeras de vídeo e cinema digital, com qualidade profissional e preços mais acessíveis, permitiram que o universo da utilização da pós-produção e dos efeitos visuais se expandisse muito além dos limites dos grandes estúdios de cinema, casas de finalização e redes de televisão.

Contar uma história com o auxílio da pós-produção digital possibilita reduções drásticas de custo e aumento dos recursos disponíveis para a criação, sendo então necessário o conhecimento das técnicas e das ferramentas disponíveis para solucionar os desafios. Isso se torna ainda mais importante com o surgimento de novas mídias, como a internet, os aparelhos celulares e os assistentes pessoais digitais, e das câmeras de cinema digital. A explosão da veiculação de vídeos na internet e as premiações do Oscar dos últimos anos comprovam isso. A importância do uso de recursos de pós-produção será ainda maior com o aumento da velocidade das conexões, trazendo a possibilidade de transmissão de imagens e som de maior resolução e melhor qualidade.

A migração da pós-produção para o formato digital aconteceu em diversas etapas. Até a década de 1980, os efeitos visuais eram realizados exclusivamente com truques ópticos. No início da edição digital não linear, as cenas que seriam trabalhadas na pós-produção eram marcadas na lista de corte e as películas com as tomadas eram enviadas para a impressora óptica. Com a possibilidade de telecinar ou escanear cada fotograma e transformá-lo em um quadro digital de alta resolução e alta qualidade, além de equipamentos que permitiam manipular a imagem diretamente no computador, a pós-produção passou a ser realizada diretamente nesses equipamentos. A transformação dos fotogramas em formato digital é chamada de geração do digital intermediate. A saída das imagens trabalhadas posteriormente para película era feita com um processo inverso ao scanner, chamado de transfer. Com o aprimoramento dos equipamentos de escaneamento dos fotogramas e do desempenho dos processadores e softwares de manipulação de imagem, todos os rolos de película passaram a ser escaneados, guardados no formato digital em discos rígidos, editados e trabalhados diretamente no formato digital, em todos os processos da pós-produção, incluindo a correção de cor, os efeitos visuais e os letreiros. Depois era feito o transfer para fazer o interpositivo e gerar as cópias para exibição em salas de cinema com película.

As câmeras digitais de cinema tornam desnecessário o escaneamento posterior da imagem, saltando uma etapa, e fornecem a imagem diretamente nos formatos digitais. A popularização das salas de projeção digital também faz o transfer ser desnecessário. A pós-produção digital realiza tudo que se fazia com recursos ópticos, ela expandiu as possibilidades de manipulação da imagem, com métodos geométricos para rastreamento de pontos, inserção de cenários com a câmera e elementos de cena em movimento, modificação dos valores de cada pixel, permitindo maior controle da correção de cor, da composição de imagens e muitas outras.

As técnicas de efeitos visuais com recursos digitais podem alterar diversos parâmetros presentes na imagem digital. A correção de cor é realizada para cada tomada, manipulando-se os valores de cor dos pixels. A introdução de um cenário virtual envolve o canal alfa e o casamento de movimento entre o background e a frente da imagem. Os personagens e cenários em 3D são modelados em estações que trabalham em um mundo criado matematicamente e com imagens vetoriais. São diferentes estações de trabalho que realizam cada etapa da pós-produção: uma para edição, outra para composição e efeitos visuais, outra para modelagem 3D e outra ainda para o gerenciamento de cores.

Walter Murch (2004) criou uma imagem figurativa para o trabalho da pós-produção por meio de um gráfico em duas dimensões. O eixo horizontal é a timeline do filme, o seu desenvolvimento temporal. Essa dimensão pertence à edição. O eixo vertical é o da manipulação da imagem quadro a quadro, que é o universo da composição e dos efeitos visuais. Em 2001, ele previa que uma única estação de trabalho realizaria as duas dimensões da pós-produção. Há alguns anos surgiram equipamentos que fazem esse processo, como o Smoke da Discreet Logic, atualmente Autodesk (Autodesk, 2013). Em virtude das características próprias de cada uma das dimensões, o trabalho continua sendo feito em máquinas separadas e com equipes distintas, mas que trabalham em conjunto.

Um departamento completo de pós-produção em uma empresa de grande porte envolve um grande número de profissionais nos diversos setores. Os setores da pós-produção podem ser divididos da seguinte forma:

- Edição.
- Efeitos visuais.
- Sonorização.
- Miniaturas e cenários virtuais.
- Videografismo.
- Colorização.
- Finalização.

Os profissionais envolvidos na pós-produção podem ser classificados da seguinte maneira:

- Diretor de finalização.
- Editor ou montador.
- Produtor de efeitos visuais.
- Produtor de som.

- Maestro.
- Videografista.
- Colorista.
- Operador de videotape.
- Operador de computação gráfica.
- Operador de videografismo.
- Assistentes de todas as funções em todos os setores.

A Figura 4.4 traz um diagrama dos diversos setores da pós-produção e do fluxograma de trabalho.

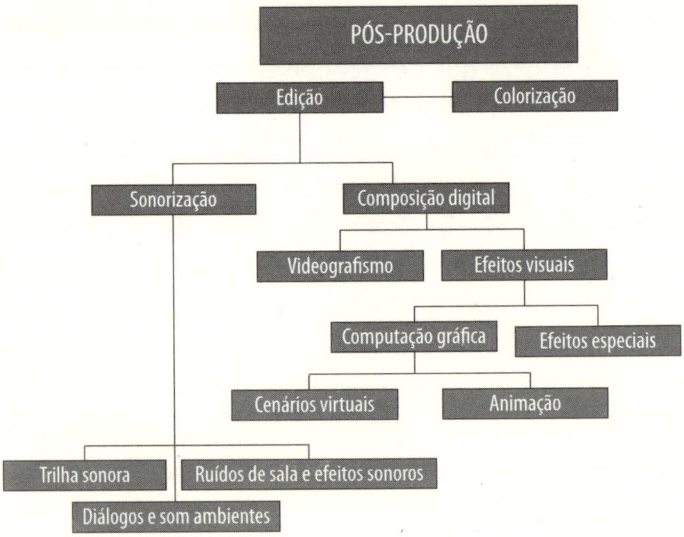

Figura 4.4 – Estrutura da pós-produção.

O mercado de trabalho para esses profissionais está, principalmente, em empresas do tipo:

- Produtoras e finalizadoras para publicidade e vídeos institucionais.
- Emissoras de televisão.
- Produtoras de conteúdo para TV por assinatura, internet, smartphones e tablets.
- Operadoras de telefonia e emissoras que possuem canais de IPTV.
- Pós-produção para cinema.

No Capítulo 5, os efeitos visuais serão estudados com maior detalhamento, desde as trucagens ópticas até a imagem digital. O canal alfa, o histograma e suas aplicações à manipulação da imagem serão discutidos e diversos exemplos serão apresentados.

4.5. CÂMERAS E SENSORES DE 35 MM

A largura da película para cinema pode ter quatro valores diferentes, em milímetros: 8, 16, 35 ou 70. Essas larguras definem a bitola do filme e o tipo de câmera cinematográfica. O padrão mais utilizado no cinema é o de 35 mm. Essa escolha é baseada nos custos de produção, na qualidade da imagem e nas características físicas dos equipamentos, como peso ou dimensões. O fotograma da película de 35 mm de largura possui 21,95 mm de largura e 16 mm de altura, na proporção de 1,37, no formato acadêmico. Existe também o formato Super 35, com a mesma bitola 35 mm, mas com uma área do fotograma maior, como, por exemplo, de 24,89 mm x 18,66 mm (Burum, 2007). No entanto, as salas de exibição não suportam esse formato, então, e ele é transformado em 35 mm ou em um formato digital, antes de ser exibido.

O surgimento das câmeras de televisão de alta definição da Sony, no final da década de 1990, da linha CineAlta HDW-F900, com sensores com área útil semelhante ao fotograma de 35 mm, possibilitou que se começasse a fazer cinema digitalmente. Os primeiros exemplos de filmes realizados com essa câmera surgiram rapidamente, com *Vidocq* (2001) e *Guerra nas estrelas, episódio II* (2002). Acompanhei toda a produção de *Os normais* (2003), para a Globo Filmes, que utilizava os mesmos recursos. A câmera CineAlta foi posteriormente desenvolvida em colaboração com a Panavision, gerando a Panavision HD-900F. Novos fabricantes entraram no mercado de produção de câmeras digitais, como os tradicionais Aaton, Panavision e ARRI; a RED, com uma abordagem completamente original de distribuição de câmeras (RED, 2013); a Canon, com a série EOS (Canon, 2013); e a Blackmagic Design, que anteriormente trabalhava com placas de captura de vídeo (Blackmagic, 2013), entre outros fabricantes.

As lentes desenvolvidas para filmar em 35 mm são amplamente utilizadas e a profundidade de campo é próxima da experiência da visão. As maiores e mais tradicionais fabricantes de câmeras de cinema com película, que são a Aaton, a Arri e a Panavision, abandonaram a película e atualmente só produzem esses equipamentos sob demanda. O fundador da Aaton, Jean-Pierre Beauviala, descreve o motivo: "Praticamente ninguém está comprando câmeras novas de cinema com película. Por que comprar uma nova quando existem tantas câmeras usadas ao redor do mundo?" (Kaufman, 2011).

O vice-presidente da Arri, Bill Russel, prevê em sua entrevista de 2011 para a *Creative Cow*: "Em dois ou três anos será 85% digital e 15% filme. Mas a data do completo desaparecimento do filme? Ninguém sabe" (Kaufman, 2011). Isso depende do tempo que a Kodak e a Fuji continuarão fabricando filmes. A Fuji interrompeu a fabricação de filme para cinema em março de 2013, segundo comunicado da companhia (Fuji, 2013). A Kodak ainda mantém a sua produção.

Como discutido no capítulo anterior, os sensores de estado sólido utilizados para capturar imagens em filmadoras digitais transformam a luz em sinal eletrônico. A placa que recebe a luz da imagem é constituída por fotossensores, chamados também de pixels ou fotocélulas. A resolução maior será para pixels menores e maior quantidade de fotocélulas. Duas estratégias diferentes são utilizadas para capturar a luz e dividi-la em suas componentes de cor. Em uma delas, é colocado um prisma logo depois da lente, que divide a luz nas componentes vermelha, verde e azul. Cada componente é capturada por um sensor, em um total de três. A outra estratégia é colocar filtros na frente de um sensor único, e esses filtros separam as componentes, como foi apresentado no Capítulo 3.

Quando se vai gravar no formato digital, é possível rever a cena imediatamente, mantê-la no banco de memória da produção ou apagá-la, caso ela não seja útil – processo muito diferente do fluxo de trabalho com película. As cenas são separadas por tomada, não havendo necessidade de separá-las na pós-produção, como era feito com a película por meio da observação das claquetes. A cada cena gravada, são acrescentados os dados referentes à tomada, que também podem ser lidos no arquivo digital. As imagens são armazenadas em bancos de memória que podem ser imediatamente acessados pelos equipamentos de pós-produção.

Com o aumento do intervalo dinâmico, da profundidade de cor, da resolução, e com estratégias para aproximar o desempenho dos sensores de estado sólido da película, a migração para o formato digital é natural. A facilidade de sincronizar duas câmeras de cinema digital foi um dos motivos do sucesso do ressurgimento da produção do cinema 3D, para posterior exibição estereoscópica. Estudos sobre o desempenho dos sensores de estado sólido podem ser encontrados em Clark (2013). Dados detalhados sobre a performance de filmes da Kodak podem ser obtidos no portal do fabricante (Kodak, 2013).

4.6. DISTRIBUIÇÃO E PROJEÇÃO

A distribuição e a exibição de filmes no formato digital têm sido praticadas desde 1999. Os equipamentos de exibição digital evoluíram, tomando como referência a exibição em película, e atualmente rivalizam com ela, contando com um número cada vez maior de salas de exibição digital. A distribuição do filme por meio de bancos de memória, ou por rede, tem permitido dividir a produção cinematográfica em lugares geográficos distantes, como o exemplo da Weta Digital, que produz intensamente para Hollywood, mas está situada na Nova Zelândia (Weta, 2013). Em relação à distribuição e projeção, o fluxo de trabalho que utiliza recursos digitais também se torna mais simples e rápido, bem como amplia as possibilidades de uso, com custos menores na maioria das vezes.

Toy Story 2 foi o primeiro filme criado, editado e distribuído digitalmente, com a tecnologia DLP Cinema, em 1999. Em 2002, foi criado o projeto Digital Cinema Iniciatives (DCI), com a participação de estúdios de cinema como Disney, Fox, MGM, Paramount, Sony Pictures Entertainment, Universal e Warner Bros. A finalidade era criar um sistema de especificações para o cinema digital. O codec JPEG 2000 foi escolhido como formato de compressão. Inicialmente, os projetores eram para o formato 2K mas, em 2007, começaram a ser fabricados os projetores no formato 4K. No início de 2013, existiam 90 mil projetores digitais. Espera-se que os projetores de filme 35 mm sejam praticamente inexistentes no final de 2015 (Romanek, 2013).

O filme *O hobbit* foi o primeiro a adotar e ser exibido no formato *higher frame rate* (HFR), a 48 quadros por segundo. Taxas a 60 quadros por segundo ou mais estão surgindo. Muitos jogos digitais já são exibidos a 120 quadros por segundo. HFR reduz o desfoque causado pelo movimento e exibe as texturas de forma mais precisa. Ele também aumenta a resposta da audiência às cores, o que pode decorrer de o cérebro ter de trabalhar menos para preencher as informações que faltam entre os frames (Romanek, 2013). Outros sistemas de distribuição e exibição foram desenvolvidos nos últimos anos, mas não os discutiremos aqui.

O armazenamento e a distribuição de arquivos digitais para cinema digital é ainda um desafio, em razão da grande quantidade de informações por segundo que deve ser processada. Um quadro de imagem no formato 4K, sem compressão, com 12 bits por canal de cor, pode chegar a 319 Mbit. Com a cadência de 24 quadros por segundo, o fluxo de bits chega a 7,6 Gbit/s. Essa quantidade de dados só é manipulável por computadores potentes e em redes de 10 Gbits/s, o que representa um custo adicional para a produção.

Fernando Meirelles veiculou um comunicado para a sua produtora O2 Filmes, chamando a atenção para a quantidade de memória que estava sendo utilizada na realização das produções (Meirelles, 2010). A O2 tinha atingido, em junho de 2010, a capacidade de memória de 1 petabit – na época, 4 vezes mais que a memória do UOL, o maior portal de internet do Brasil, ou 1/4 do que tinha o Google mundial. Mesmo assim, a capacidade de memória não era suficiente para o ritmo em que crescia a busca por espaço vazio de memória na produtora. Meirelles, então, propôs o retorno aos métodos de arquivamento e armazenamento praticados com a película. Em agosto de 2013, ele retornou a esse tema e lançou um documento, "O método – projeto definitivo", no qual lista uma série de procedimentos para lidar com o material digital na produtora O2.

4.7. CONCLUSÃO

A história da cinematografia é plena de manifestações de repúdio à introdução de novas tecnologias, como no início do uso do som no cinema falado e durante muitas décadas depois, com os primeiros filmes coloridos. A Academia de Cinema teve, durante quase três décadas, as premiações de Oscar para cinematografia e direção de arte de filmes coloridos e outras duas para filmes em preto e branco, de 1939 a 1967 (Oscar, 2013). A mudança do formato acadêmico de filmagem e exibição, com o fator de forma de 4 x 3, para os formatos anamórficos widescreen, também foi acompanhada por debates intensos (Manvell e Weis, 2013).

A migração para a cinematografia digital e o consequente abandono da película têm trazido à tona profundas discussões sobre a experiência subjetiva do cinema e as tecnologias de produção de imagens, assim como todo tipo de discurso apaixonado que simplesmente nega ou cultua a nova tecnologia. A questão central que deve ser discutida é se o espectador percebe a diferença quando está assistindo a filmes produzidos exclusivamente com a tecnologia digital, sem qualquer utilização de película. As diversas premiações para filmes produzidos recentemente que empregaram a tecnologia digital em todas as etapas da produção cinematográfica e a ausência de debate do público sobre a qualidade do formato digital levam à conclusão de que a tecnologia digital no cinema tem se igualado à da película, desenvolvida em mais de um século de evolução.

O objetivo final de um longa-metragem é contar uma história, e a utilização de recursos digitais preserva esse objetivo. O resultado, visível em cada quadro de imagem, demonstra que a tecnologia digital expandiu as fronteiras do cinema, a forma como era realizado até a década de 1990. A produção em película, no futuro breve, deverá ser equivalente à produção em preto e branco nos dias de hoje, realizada por poucas equipes e sob demanda direta.

CAPÍTULO 5

EFEITOS VISUAIS

5.1. INTRODUÇÃO

Os efeitos visuais funcionam como instrumentos de apoio para viabilizar narrativas, desde as primeiras obras cinematográficas. Utilizavam-se então exclusivamente trucagens ópticas para imprimir o efeito na película. Com o advento da imagem e som digitais, novas técnicas foram inventadas e todas as outras adaptadas para essa nova forma de manipulação do audiovisual, tornando mais amplas as soluções para realizar imageticamente aquilo que é criado. O efeito visual, por exemplo, permite a transformação visual da cena, ao integrar cenas gravadas com trucagens, introduzindo novas texturas na imagem, utilizando os mattes, personagens e cenários virtuais. Pode-se também corrigir com rapidez erros de gravação de diversos tipos.

A produção atual de efeitos visuais para o cinema e o vídeo distanciou-se completamente do que era feito normalmente até a década de 1990. Com o advento de imagem e som digitais, novas técnicas foram inventadas e todas as outras adaptadas para essa nova forma de manipulação do audiovisual, tornando mais amplas as soluções para realizar imageticamente aquilo que é criado. Os resultados inovadores obtidos a cada ano ampliam as fronteiras do que pode ser realizado criativamente. Hoje em dia, pode-se contar qualquer história imaginada, com as imagens produzidas virtualmente sendo completamente semelhantes às gravadas de cenas reais.

O objetivo deste capítulo é discutir como os recursos ópticos e digitais são utilizados para se realizar efeitos visuais e, ao mesmo tempo, fornecer um painel das diversas técnicas de computação gráfica e de tratamento de imagem para o cinema, o vídeo e os jogos digitais. A produção de efeitos visuais usa intensivamente a modelagem geométrica, a visualização computacional, o processamento digital de imagens e, mais recentemente, a visão computacional. Para que seja então possível planejar e obter resultados satisfatórios, é fundamental o conhecimento dos conceitos teóricos, das técnicas e das ferramentas disponíveis, incluindo as definições dos diversos tipos de compressão e descrição digital da imagem em movimento (*motion picture*) introduzidas anteriormente. Os efeitos visuais fazem parte da pós-produção do audiovisual, um dos setores do audiovisual que mais foi impactado e transformado pela imagem digital, como foi discutido no capítulo anterior.

O capítulo está dividido em cinco tópicos. Após a introdução, aborda-se a evolução das diversas técnicas com trucagem óptica. Introduzem-se então os conceitos de canal alfa e de composição digital. Em seguida, são discutidas algumas técnicas de efeitos visuais digitais, como a correção de cor, o rastreamento de imagem e o controle de câmera, assim como os diferentes hardwares e softwares disponíveis e os conceitos neles utilizados. Depois, são apresentados efeitos visuais realizados na TV Globo pelo autor, em cada etapa de sua produção.

5.2. EVOLUÇÃO DAS TRUCAGENS COM IMAGEM

Georges Méliès inaugurou o uso dos efeitos visuais e foi dos mais importantes inovadores da história do cinema. Com Méliès, começou-se a empregar recursos ópticos para a obtenção de efeitos, como superfícies semiespelhadas, divisor de feixes da projeção para impressão na película, entre outros. Dessa maneira, iniciou-se uma nova forma de fazer cinema, não documental, diferentemente dos filmes dos irmãos Lumière. Méliès foi o primeiro a utilizar a exposição dupla em seu curta *La caverne maudite*, de 1898, a primeira tomada com um divisor de imagens e atores em dois ambientes diferentes em *Un homme di tête*, de 1898, e a primeira fusão em *Cendrillon*, de 1899, além de tomadas de miniaturas, efeitos de replicação e transparência. Esses recursos são hoje usados massivamente em diversos formatos de imagem em movimento (Rickitt, 2007).

Nos primeiros anos, os efeitos visuais eram também obtidos por meio da técnica do stop action ou stop motion. Ela também é conhecida como substituição por parada de ação. Consiste em parar a filmagem, alterar a cena e continuar a filmar. No caso de uma animação, isso é feito quadro a quadro.

Um exemplo clássico dessa técnica é o filme *King Kong*, de 1933, da RKO. Nele, todas as criaturas da ilha foram animadas com a técnica de stop motion e o filme provocou um enorme impacto nas plateias da época. Além da substituição por parada de ação, utilizavam-se miniaturas, tanto como cenários quanto bonecos, e outras técnicas de composição com projeção de imagens misturadas com efeitos reais, nos chamados efeitos *oncamera*. Os procedimentos dos efeitos visuais requerem o posicionamento preciso das imagens no filme, a fim de que múltiplos elementos possam ser efetivamente combinados para atingir o resultado desejado. Uma série de técnicas foi desenvolvida para fazer a composição dos diversos elementos de imagem opticamente, resultando em um fotograma final em que se tem a impressão de que todos os elementos foram filmados simultaneamente.

Uma das técnicas, também utilizada com câmeras digitais, é o efeito na câmera, ou *oncamera*. A tomada trombone (*trombone shot*) é um efeito on camera muito utilizado, no qual a câmera se movimenta em um trilho com relação a um objeto ou personagem e, ao mesmo tempo, a distância focal da lente é alterada para fazer a imagem da frente ter as mesmas dimensões. Nessa tomada, o objeto ou o personagem permanece com o mesmo tamanho relativo ao enquadramento, enquanto o tamanho do background parece se alterar. Um exemplo clássico desse tipo de tomada é a cena no filme *Psicose* (1960), de Alfred Hitchcock, quando o detetive sobe a escada da casa antes de ser assassinado. Nessa tomada, o objeto (o personagem) permanece com o mesmo tamanho relativo, enquanto o tamanho do background parece se alterar. Na Figura 5.1, está representada esquematicamente a tomada com diferentes distâncias focais; na Figura 5.2, o efeito da tomada trombone.

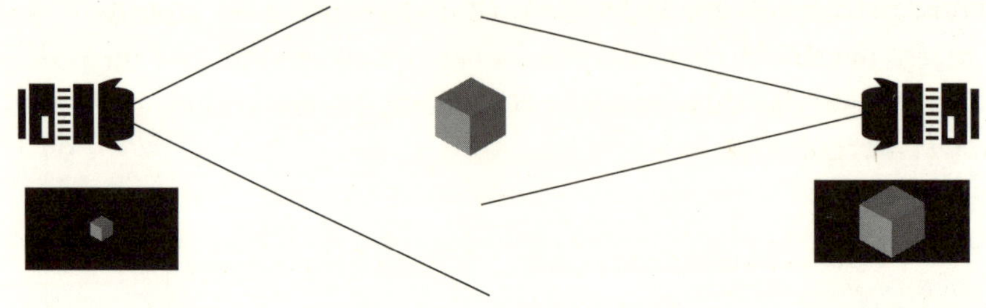

Figura 5.1 – Uma mesma tomada feita com diferentes lentes e o efeito provocado na imagem (Rickitt, 2007).

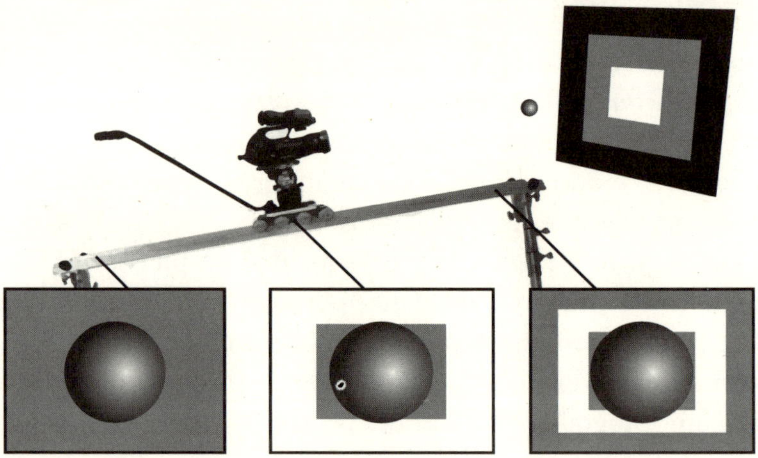

Figura 5.2 – Efeito trombone, com a câmera se movendo no trilho e alterando a sua distância focal; nos fotogramas, na parte inferior, observa-se a alteração do fundo em relação ao objeto (Rickitt, 2007).

Na sobreposição de duas imagens para gerar a composição, se não são realizados truques, a imagem que é aplicada sobre o background aparecerá como um fantasma, devido à transparência que nela deve ser inserida. Para contornar esse problema, foi criado o *travelling matte*. Nessa técnica, a imagem de background tem um buraco exatamente onde vai ser inserido o elemento da outra imagem, que é impressa no background posteriormente. É uma técnica complexa, pois o elemento a ser inserido pode estar em movimento, mas foi realizada inúmeras vezes no cinema. Essa técnica tornou-se inteiramente redundante com a imagem digital. Uma variação dessa técnica é o processo

Williams, patenteado em 1918, no qual o elemento a ser inserido é filmado com fundo negro e depois composto com o background, por meio de revelações sucessivas das duas imagens com filme de alto contraste. A técnica é ilustrada na Figura 5.3.

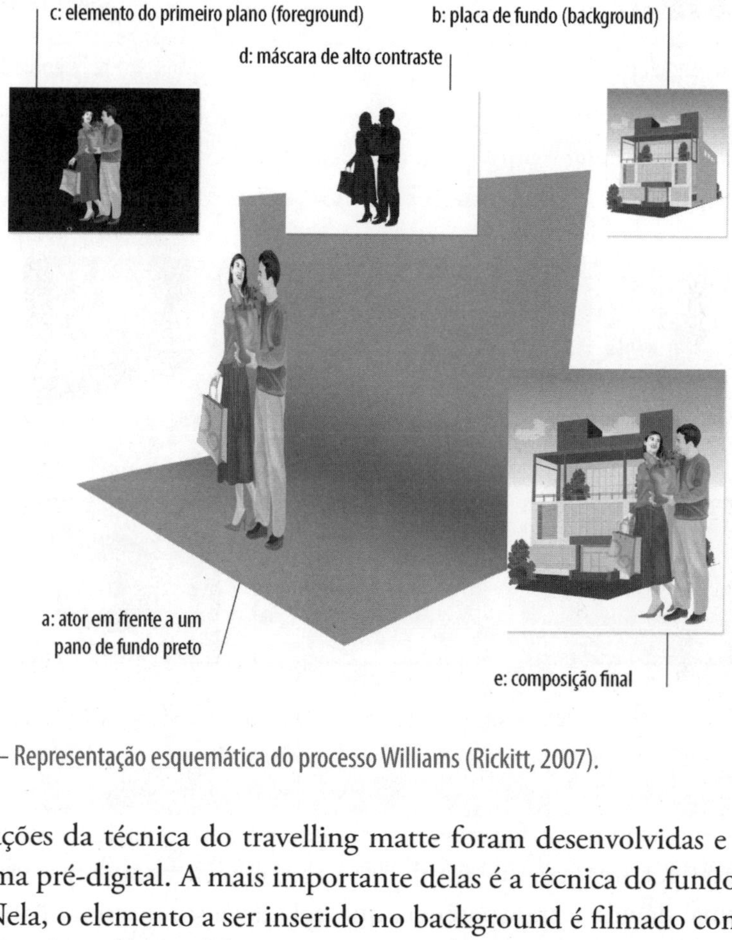

Figura 5.3 – Representação esquemática do processo Williams (Rickitt, 2007).

Variações da técnica do travelling matte foram desenvolvidas e utilizadas no cinema pré-digital. A mais importante delas é a técnica do fundo azul *blue screen*. Nela, o elemento a ser inserido no background é filmado com o fundo azul. Ao utilizar filtro azul na revelação, cria-se um matte de alto contraste, utilizado para compor o fundo com a imagem da frente. Esse efeito continuou a ser utilizado com a televisão analógica do tipo componente e com todos os tipos de imagem digital com amostragem adequada de cor. O fundo mais utilizado atualmente é o verde, pois essa cor é representada mais precisamente na imagem digital.

Um avanço notável foi a invenção da impressora óptica (*optical printer*). A função mais básica desse equipamento é retrofotografar uma imagem em um novo pedaço de filme. É como se uma câmera estivesse apontada para um projetor. O projetor é carregado com uma imagem positiva e a câmera captura essa imagem, quadro a quadro. É possível colocar filtros, lentes e máscaras no caminho da projeção para obter os efeitos desejados, assim como misturar duas ou mais projeções (Pinteau, 2004). A Figura 5.4 mostra uma impressora óptica fabricada pela Oxberry, a 1600. O equipamento ganhou o Oscar de tecnologia, em 1986. Ela utiliza quatro projetores controlados por cinco computadores. As imagens dos projetores são compostas e filmadas quadro a quadro para produzir efeitos visuais complexos.

Figura 5.4 – Impressora óptica Oxberry 1600, vencedora do Oscar de 1986 (http://www.oxberry.com/oxberry1600_page.html).

Os efeitos mais comuns obtidos com essa técnica são classificados como (Burum, 2007):

1. Efeitos de transição: empregados para criar uma mudança no tempo e na localização entre as cenas. Dentre diversos tipos de transições entre planos de imagem, temos:

a) Fade in e fade out: quando a imagem desaparece ou surge de uma cor, em geral o preto.
b) Fusão: quando um plano de imagem vai desaparecendo enquanto o próximo aparece gradualmente.
c) Wipe: transições feitas com figuras geométricas, como círculos e quadrados, trazendo com elas a próxima cena.
d) Virada de página: quando as imagens são mudadas como se estivessem na folha de um livro.

2. Quadro congelado, feito com o quadro (frame) de imagem preso na impressora e continuamente repetido.
3. Mudança da sequência de quadros.
4. Composição de imagens de diferentes projeções.
5. Efeito de zoom.
6. Aceleração ou desaceleração do movimento.
7. Reversão do movimento.

Durante décadas, foram realizados filmes com efeitos visuais ópticos, muitos se tornando referência na cinematografia. *Guerra nas estrelas* (1977), *Blade Runner* (1982), *2001: uma odisseia no espaço* (1968), *King Kong* (1933), *Contatos imediatos do terceiro grau* (1977), *O mágico de Oz* (1939), *Uma cilada para Roger Rabbit* (1988) e *E.T., o extraterrestre* (1982) são exemplos de filmes realizados com a impressora óptica. Sete dos dez melhores filmes de todos os tempos, segundo a Visual Effects Society, com uso intensivo de efeitos visuais, foram realizados sem recursos digitais. Essa situação deve ser revertida rapidamente, já que são mais de 100 anos de produção clássica contra o período de duas décadas de evolução da produção digital.

Gene Warren, diretor da Fantasy II Film Effects, que produziu, entre outros filmes, *Drácula de Bram Stocker* (1992), *Underworld* (2003) e *Lost* (2004-2008), comenta a transformação para o digital (Rickitt, 2007):

> Nós finalmente paramos de usar a impressora óptica em 2002. Até o fim podíamos criar composições incríveis com nossas velhas máquinas. Mas não conseguíamos competir com os garotos que podiam gastar alguns poucos milhares de dólares em uma workstation e alguns softwares. Qualquer um pode agora juntar algumas camadas de imagem apertando poucas teclas, mas não há dúvida de

que saber como realmente uma tomada funciona – seja ela digital ou óptica – é uma arte. Mas a honorável técnica de obter uma grande imagem daquelas velhas máquinas imensas é atualmente redundante e esse talento tradicional será logo perdido para sempre.

5.3. O CANAL ALFA

A imagem digital pode ser exibida como uma composição de camadas de imagens. Nesse caso, a imagem é construída a partir de diferentes fontes de imagens, que são compostas para que o resultado pareça como se tudo tivesse sido capturado ao mesmo tempo, de uma única vez. Muitas vezes, o fundo (*background*) é separado da imagem da frente (*foreground*), como no caso dos telejornais, em que o apresentador da previsão do tempo em geral está na frente de mapas que formam o background.

Para que as camadas de imagens possam ser colocadas umas sobre as outras, deve-se definir a transparência de cada imagem. Se a transparência não existisse, somente a imagem colocada por cima seria exibida. Então, é necessário criar a informação com a transparência de cada pixel na imagem.

A forma encontrada para se definir a transparência na imagem digital é colocar essa informação em um quarto canal, além dos três canais de cor de cada pixel. Esse quarto canal é chamado de canal alfa e contém o mesmo número de bits de cada um dos outros canais. No caso da imagem com 8 bits por canal para cada pixel, o canal alfa tem 256 valores de transparência por pixel, indo do completamente transparente ao completamente opaco. Nesse caso, a imagem resultante terá 32 bits de informação por pixel da imagem, com 8 bits, ou 256 valores, para cada um dos canais.

O canal alfa pode ser criado de diversas maneiras. Pode-se, por exemplo, gravar uma pessoa ou um objeto com um fundo verde ou azul. Essas cores são usadas por serem diferentes dos tons de pele. Depois, ao compor essa imagem sobre outra qualquer, toma-se essa cor como informação para o canal alfa e ela fica transparente onde houver essa cor. Esse processo é conhecido por *chroma key*, *color key* ou chave de cor. Na Figura 5.5, estão dois exemplos de chroma key realizados para as novelas *Chocolate com pimenta* e *Desejos de mulher*, da TV Globo (2002 e 2003).

Figura 5.5 – Cenas construídas utilizando o canal alfa fornecido pelo chroma key (TV Globo, 2002 e 2003).

Outra forma de criar a transparência é selecionar regiões da imagem e defini-las como transparentes ou opacas. Isso pode ser feito com ferramentas de desenho, em softwares como o Photoshop, o After Effects, o Illustrator e o Gimp. Essa técnica é conhecida como máscara (*mask*) e as informações dessas transparências e opacidades são incorporadas ao canal alfa. Na Figura 5.6, mostra-se um exemplo da utilização de máscara em uma cena trabalhada para a novela *Cabocla*, da TV Globo (2004). Nessa cena, contornou-se com uma máscara o céu acima das montanhas, e também foram utilizadas máscaras na paisagem para mudar a cor da cena. Por trás da máscara do céu, foram feitas alterações, colocando céus diferentes, de outras fontes de imagem. Nas outras máscaras, pode-se alterar localmente a cor. Dessa maneira, foi feita uma transição do entardecer para a noite com apenas uma fotografia. A Figura 5.6 mostra dois quadros dessa transição.

Figura 5.6 – Cena construída utilizando o canal alfa, fornecida por máscaras para a substituição do céu e colorização da paisagem (TV Globo, 2004).

Na Figura 5.7, pode-se observar outra aplicação de máscaras e filtros de processamento. É a sequência de encerramento da novela *Chocolate com pimenta* (2003). A transformação do frame com a atriz foi feita no Photoshop e composta depois na caixa de chocolate, com movimento de câmera, utilizando os programas After Effects e Inferno. A imagem final é transformada para parecer uma gravura. A câmera, à medida que se movimenta, vai abrindo a cena e a imagem aparece como a gravura de uma caixa de chocolate.

Figura 5.7 – Sequência final da novela *Chocolate com pimenta*, com uso intensivo do canal alfa e do processamento de imagem (TV Globo, 2003).

O canal alfa, em geral, é representado como tons de cinza, em que o branco é o opaco e o preto é o transparente. Os valores intermediários de transparência são representados pelos demais tons de cinza. Pode-se também definir qualquer outra cor como base para o canal alfa, que é então pré-multiplicado por aquela cor com relação ao preto, como no caso do chroma key.

Na Figura 20 do encarte tem-se a imagem de fundo (background), com uma paisagem (Figura 20a), e a imagem do primeiro plano (foreground), com flores (Figura 20b). Na figura também se observa a imagem do canal alfa (Figura 20c) e a imagem composta resultante (Figura 20d).

5.4. HISTOGRAMA

O histograma é uma ferramenta muito útil para se trabalhar com informações digitais. Para as imagens digitais, o histograma pode ser representado por um gráfico que permite visualizar imediatamente as características principais da imagem. Ele também é utilizado em câmeras e filmadoras para fazer o ajuste automático da exposição da imagem.

Compreender o que são, como funcionam e familiarizar-se com os histogramas são, provavelmente, alguns dos passos mais importantes para se trabalhar com imagens e correção de cor. Um histograma pode dizer se a imagem foi exposta corretamente, qual o tipo de luz e quais ajustes deverão ser feitos para melhorar a sua qualidade.

O histograma é representado por um gráfico cujo eixo horizontal tem os níveis de tons de cinza ou de cor da imagem (256 para imagens com 8 bits de tons de cinza) e o eixo vertical tem o número de pixels da imagem, em cada nível. Podemos dividir o eixo horizontal em três regiões, de acordo com a intensidade da luz: mais próximo do zero é a região de sombra (*shadows*), os valores intermediários são os meio-tons (*midtones*) e os valores mais altos são as altas luzes (*highlights*). A Figura 5.8 traz um histograma no qual cada região está representada.

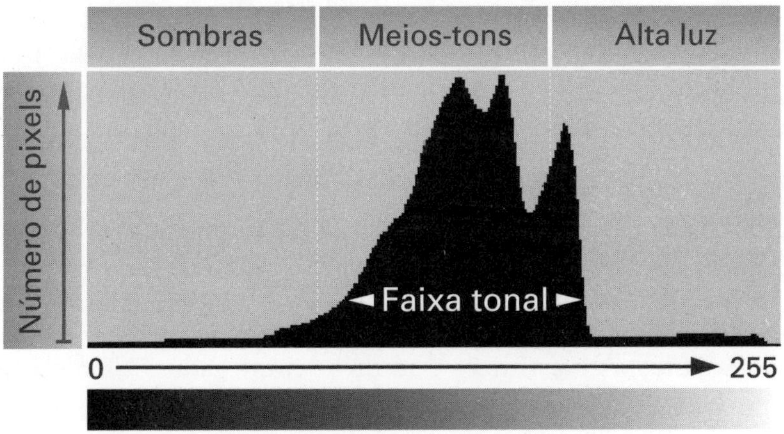

Figura 5.8 – Histograma com as regiões representadas.

Na Figura 5.9 observa-se uma fotografia em branco e preto com três diferentes exposições à luz, para entender melhor o histograma. Nota-se que a imagem da esquerda foi menos exposta à luz e está mais escura. O efeito no histograma pode ser visto com os pixels concentrados na região de sombras. A imagem da direita tem o efeito oposto, com uma sobre-exposição à luz. É possível observar que o histograma é todo deslocado para as altas luzes. A imagem do meio teve uma exposição mais adequada à luz e o histograma está mais bem distribuído.

Figura 5.9 – Histogramas para três condições de luz diferentes de uma fotografia.

Na Figura 21 do encarte observamos os histogramas para uma imagem colorida. A imagem é decomposta nas componentes RGB e, para cada componente, tem-se o histograma da imagem.

O histograma permite que se faça a correção de cor e a colorização das imagens. Diversas ferramentas que o utilizam estão disponíveis em softwares desenvolvidos para esses fins. Esse tema será retomado adiante.

5.5. TÉCNICA E ARTE DOS EFEITOS VISUAIS DIGITAIS

As técnicas de efeitos visuais podem ser classificadas de diversas maneiras, de acordo com os recursos artísticos e técnicos empregados. Uma classificação baseada nos métodos computacionais utilizados é a seguinte (Gomide, 2009):

- Composição digital.
- Correção de cor.

- Rastreamento.
- Personagens e/ou cenários virtuais.
- Captura de movimento.
- Morphing.
- Warping.
- Controle de movimento de câmera.
- Matchmoving.

A composição de imagens é o processo de integração de imagens de diferentes fontes em uma única imagem final, conforme apresentado anteriormente. É um processo amplamente conhecido e discutido nas artes plásticas e na fotografia. Para o vídeo, são utilizadas diversas ferramentas e técnicas para obter uma sequência de imagens em movimento a partir da integração de diferentes imagens. O maior desafio é produzir a imagem integrada sem que ela pareça ter sido feita de diferentes fontes de imagens. As imagens originais são aplicadas em diferentes camadas e digitalmente recortadas e compostas para resultar em uma imagem final. A camada superior é aquela que aparece como resultado se nenhum efeito for aplicado. Para se obter a imagem final, aplica-se nas camadas níveis de transparência e combinação das cores definidas em cada pixel, escalamento, translação e/ou máscaras digitais.

Como foi apresentado, pode-se também produzir máscaras digitais por meio do chroma key (chave de cor) ou do luma key (chave de luminância). No chroma key, escolhe-se um matiz de cor, com um intervalo de variação em torno desse valor, que é a tolerância. O canal alfa é gerado ao se substituir o matiz pelo preto, as diferentes tonalidades dentro do intervalo por cinzas e as demais cores pelo branco. Em geral utiliza-se a cor azul ou verde para se gerar o chroma key, pois são cores diferentes das tonalidades da pele. No luma key o processo é semelhante, empregando valores de luminância no lugar da cor. O chroma key é mais popular, mas o luma key é utilizado sempre que os valores de cor são subamostrados e em efeitos de fogo e água, por exemplo, porque a luminância é em geral amostrada de forma completa, como foi discutido no Capítulo 3.

Na realização do chroma key é fundamental o conhecimento do tipo de imagem digital que está sendo utilizada. Uma câmera do tipo DV, DVCAM ou similar, com subamostragem 4:1:1, não permite a obtenção de uma máscara com as bordas bem definidas. A forma como a imagem é descrita introduz artefatos nas bordas do elemento cuja imagem é recortada do fundo de chroma key. No mercado há inúmeros casos de iluminadores que foram demitidos injustamente sob o argumento de não saberem iluminar adequadamente a cena gravada com câmeras com subamostragem 4:1:1 para fazer o chroma key.

Também são encontrados inúmeros exemplos desse erro primário, de usar câmeras com amostragem de cor inadequada para fazer o chroma key. Entre os mais recentes, temos o fan film de Star Wars lançado em fevereiro de 2014, e Threads of Destiny (2014), do diretor sueco Rasmus Tirzitis. A maior parte das cenas com os atores em um fundo de chroma key foi gravada com uma câmera Canon MX2, que tem o formato DV, com amostragem 4:1:1. O efeito são cenas dos atores com o fundo de computação gráfica e sem partes dos seus corpos, como orelhas e narizes. Isso interfere profundamente na experiência do espectador, mesmo que ele seja um aficionado pela série Star Wars. E o resultado certamente não tinha sido previsto pelo diretor e pela sua equipe técnica e poderia ter sido facilmente evitado com um câmera com amostragem 4:2:2 ou 4:4:4, que não aumentaria muito o custo do filme comparado ao custo da perda total da qualidade do produto final.

A correção de cor é feita por ferramentas que permitem alterar os valores de cada canal de cor. Essas alterações podem ser feitas em diferentes intervalos de luminância, que são as sombras (shadows), os meio-tons (midtones) e as altas luzes (highlights). Elas podem ser realizadas diretamente no histograma da imagem, por meio de alteração das curvas de cor nos diferentes intervalos, ou numericamente, atribuindo-se novos valores às cores, alterando-se o seu matiz, a saturação e a luminância. As alterações podem ser aplicadas em regiões da imagem, por meio de máscaras digitais, ou em toda ela.

A profissão do colorista é muito valorizada nas finalizadoras de cinema e nas produtoras de vídeo profissionais, pois se trata de um técnico com qualidades artísticas especiais. Essa técnica é utilizada na composição de imagem para que as diferentes camadas se integrem adequadamente. Um exemplo de utilização dessa técnica é a chamada noite americana. Nesse caso, as sequências de imagens são gravadas com a luz do dia e transformadas em noite, por meio da correção de cor. Além da correção da cor, as camadas sobrepostas de imagem podem ter os valores das componentes de cor em cada pixel submetidos a operações aritméticas, resultando em uma imagem com um novo padrão de cor. Pode-se somar, subtrair, multiplicar, dividir, tornar os valores negativos ou submeter os canais de cor a diversas outras operações especiais, como a solarização e a posterização.

As ferramentas de rastreamento utilizam diferentes princípios na imagem em movimento, dependendo do software de composição. Pode-se, por exemplo, fazer a seleção de uma região de um quadro de imagem. Essa região vai sendo mapeada quadro a quadro, comparando-se os valores de cor e luminância de sua vizinhança, o que permite identificar a posição da região em cada quadro. Pode-se também fazer o rastreamento de toda a imagem, por meio de segmentação e do chamado fluxo óptico, gerando vetores que indicam a variação da posição de cada ponto da imagem ao longo dos quadros. As duas soluções monitoram alterações de escala, posição e direção dos pontos, mas o segundo processo dá resultados mais satisfatórios. A primeira técnica é utilizada por softwares como o Inferno, o Smoke e o After Effects, e a segunda pelo Boujou. A vantagem da segunda técnica é que ela incorpora nos dados as aberrações e distorções introduzidas pela lente da câmera. Ela é utilizada para introduzir imagens sobrepostas, como logos de propaganda, com a imagem em movimento. O rastreamento de imagem é utilizado para apagar erros de gravação ou para adicionar elementos na imagem, por meio de composição digital, em tempo real ou na pós-produção, entre diversas outras aplicações.

Os personagens e cenários virtuais são gerados por softwares de modelagem tridimensional. Envolvem diretamente a computação gráfica, com a modelagem digital e o mapeamento de texturas. Pode-se obter o nível de realismo que se desejar. O nível de realismo da imagem virtual depende da linguagem adotada no produto audiovisual que está sendo feito. Em muitos casos, ele é dispensável e até indesejável. Esses elementos gerados por computador podem se integrar a imagens reais ou a imagens totalmente virtuais. Os softwares produzem movimentos de câmera, iluminação, texturas e vínculos físicos, como a gravidade, que dão realismo às cenas produzidas. Também podem gerar textos e vários elementos artísticos que são utilizados na composição final.

O morphing e o warping pertencem a uma mesma classe de efeitos visuais produzidos por processamento digital de imagens. Nela, uma imagem é transformada em outra utilizando regiões desta com características semelhantes, que são contornadas por curvas e sofrem transformações morfológicas.

O software calcula as mudanças que devem ser feitas relacionadas a cores e formas nas regiões limitadas pelas curvas, em um intervalo de quadros preestabelecido pelo operador. Esse processo foi desenvolvido pelos pesquisadores do MIT, D. Smyth e A. Brigham, que receberam o Oscar, em 1992, pela criação e desenvolvimento do morphing. Essa técnica é utilizada tanto para a transformação de personagens como para a justaposição de elementos virtuais por objetos cenográficos ou a criação de planos-sequência a partir de planos de câmera com cortes. O morphing também é muito utilizado em jogos digitais, para integrar diferentes sequências de movimento em animações, de acordo com a interação do jogador, para que não ocorram pulos entre os movimentos. O warping, por sua vez, provoca distorções na mesma imagem através de contornos predefinidos. Dessa maneira, é possível fazer, por exemplo, movimentos na boca de animais, como se estivessem falando.

No controle de movimento, a movimentação da câmera é realizada por dispositivos monitorados e controlados por computador. Assim, os movimentos podem ser pré-programados e repetidos. Dessa forma, são obtidos planos para serem utilizados em composições sofisticadas *oncamera*. Utilizando efeitos visuais ópticos, uma câmera com controle de movimento filmou a nave Discovery em *2001: uma odisseia no espaço* (1968). O filme *Guerra nas estrelas* (1977) empregou o controle de movimento de câmeras para simular movimentação de naves e de atores no espaço. O controle de movimento também é utilizado para multiplicar um mesmo personagem em cena, assim o ator contracena consigo mesmo e com a câmera em movimento.

Todas essas técnicas podem ser empregadas de forma combinada. O matchmoving será apresentado no Capítulo 7. Outras técnicas, como a interpolação de imagens, a pintura digital e a multiplicação de figuração, também utilizam a computação gráfica e o processamento digital de imagens. Muitos filmes lançados recentemente têm como motivação principal apresentar novas técnicas de computação gráfica e de tratamento digital de imagens e de efeitos com modelagens mais aprimoradas de fenômenos físicos, pelos, folhagens, fumaça, água, fogo e dublês digitais, como em filmes de animação.

5.6. EXEMPLOS DE PRODUÇÕES

Além dos exemplos apresentados neste capítulo, apontam-se quatro trabalhos de utilização de efeitos visuais, com uma discussão sobre a maneira como foram realizados. Como primeiro exemplo, temos a utilização de correção de cor, rastreamento e composição digital para construir tomadas de passagem entre duas locações diferentes. Uma cena diurna, filmada em 1918, foi transformada em uma cena noturna, ao se alterar a cor e colocar luzes na imagem, por meio de mudanças na luminância aplicadas em máscaras digitais. Como a câmera se movimentava, o movimento da imagem teve de ser rastreado para que os elementos introduzidos e compostos pudessem acompanhar o movimento da câmera. Na Figura 5.10 apresenta-se a imagem original e a transformação desta em cena noturna.

Figura 5.10 – À esquerda, cena diurna do Teatro Municipal (Cinemateca Brasileira, 1918); à direita, cena modificada, com luzes aplicadas em máscaras digitais, correção de cor, rastreamento de movimento e céu noturno (TV Globo, 2004).

No segundo exemplo, multiplicou-se a figuração presente em uma cena gravada no Teatro Cólon, em Buenos Aires, que contava com poucos figurantes na plateia e nas frisas do teatro. O movimento da câmera, com uma lente grande angular, iniciava-se enquadrando o teto do teatro. A câmera estava sobre um trilho atrás da plateia. O movimento da câmera descia do teto em *tilt* (panorâmica vertical) e, após enquadrar o palco por trás da plateia, fazia um travelling lateral. O problema principal foi introduzido pela lente grande angular, que provocava distorções na imagem, dificultando o rastreamento de pontos. Ao utilizar os softwares Inferno ou After Effects, que utilizam rastreamento de pontos escolhidos da imagem, a localização dos pontos ficava instável, fazendo com que os elementos da figuração se movessem diferentemente do movimento da imagem. Isso dava um aspecto indesejável ao efeito, que tornava visível a sua aplicação.

Foi feito então o teste com o software Boujou, que tinha sido lançado havia pouco tempo, em 2003. Ele utiliza o fluxo óptico e gerava milhares de eixos em toda a imagem, ao longo dos frames, em pontos definidos pelo software, permitindo escolher aqueles mais adequados para aplicar os elementos adicionais. Os dados das posições dos eixos ao longo do tempo gerados pelo Boujou foram transferidos para o Inferno. Dessa maneira, foram aplicados os figurantes virtuais, seguindo o movimento do fluxo óptico localmente na imagem. Nas frisas, os figurantes foram pintados, com a ferramenta *paint* do Inferno, e neles foram aplicadas as posições dos eixos rastreados. Da plateia, foram recortados figurantes reais, que foram aplicados nas cadeiras vazias. Essa cena não foi gravada com a intenção de multiplicar a figuração e os grandes vazios de pessoas na plateia só foram notados depois, durante a edição. Na Figura 5.11 temos os quadros da cena sem a multiplicação de figuração e, depois, com a plateia e frisas apresentando figurantes virtuais aplicados.

Figura 5.11 – Cenas do Teatro Cólon, em Buenos Aires, antes e depois de modificadas; à direita, com figurantes adicionados às frisas e à plateia (TV Globo, 2003).

No terceiro exemplo, utilizou-se o warping para contrair a pupila do ator, pontuando dramaticamente a cena. Nessa sequência, um dos atores principais levava um tiro. No momento que precede o tiro, em um plano-detalhe do olho, foi feita a contração da pupila do ator. Para isso, utilizou-se a ferramenta de warping do Inferno, criando-se uma curva em torno da pupila e, no final do efeito, uma nova curva com menor diâmetro. O software calculou e distorceu as imagens, de forma crível, entre o primeiro e o último quadro do efeito. Na Figura 5.12, observa-se o quadro antes e depois do efeito aplicado.

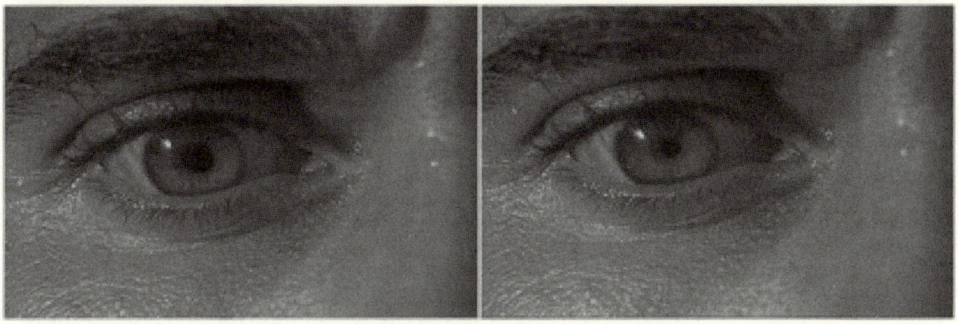

Figura 5.12 – Warping aplicado à pupila, antes e depois do efeito aplicado (TV Globo, 2004).

O quarto exemplo é uma sequência de tentativa de atropelamento. Nesse caso, foram utilizadas máscaras digitais, rastreamento e composição digital, com atores e dublês atuando em um fundo para chroma key. Em um dos planos, a câmera movimentou-se sobre um trilho e gravou a atriz atravessando a avenida. Em seguida, foi feita uma máscara do capô da caminhonete, que foi aplicada sobre o trilho, seguindo o seu movimento. No contraplano, gravou-se a cena com os dublês atuando contra um fundo de chroma key. Com a câmera fixa, gravou-se depois a caminhonete aproximando-se e fez-se a composição digital das duas tomadas. A Figura 22 do encarte mostra dois quadros da sequência, com o plano e o contraplano.

CAPÍTULO

6

ANIMAÇÃO DE PERSONAGENS E CAPTURA DE MOVIMENTO

6.1. INTRODUÇÃO

A animação de personagens para jogos eletrônicos e no audiovisual é uma área que utiliza intensamente a imagem e os recursos digitais. No caso dos jogos, ela passou por diversas etapas de sofisticação, desde os primeiros games com poucos pixels e poses, como no jogo *Pac-Man*, até o estágio atual, caracterizado por uma interatividade cada vez maior do jogador com o software e seus personagens em ambientes tridimensionais. As perspectivas futuras são bastante claras; porém, todo o caminho deve ser percorrido pautando-se no desenvolvimento de hardware, primeiramente, e dos algoritmos para a utilização dos recursos da imagem digital, seja esta vetorial ou rasterizada.

Apesar de ter a sua plenitude de realização ancorada em desenvolvimentos tecnológicos a serem ainda realizados, a animação de personagens é intensamente baseada na arte de animar. Essa arte iniciou-se em projeções com a lanterna mágica, no século XVII, e evoluiu até os dias de hoje, passando pela introdução do cinema e da computação gráfica na vida contemporânea, sempre limitada pelo tipo de suporte midiático para realizá-la. A evolução da animação de personagens a partir de 1906, com o filme de James Stuart Blackton para o estúdio de Thomas Edison, às animações com computador dialoga com o desenvolvimento do audiovisual desde o seu primeiro momento. Os ciclos de caminhada, a aceleração e desaceleração de movimentos, os movimentos secundários, a animação por poses-chave ou direta e outros princípios foram formalizados de maneira sistemática nos estúdios Disney, em torno de 1940, e são utilizados plenamente na construção de animações nesse momento. A técnica evoluiu com as demandas de interatividade para os jogos e de inovações para o cinema, e tem apresentado novas soluções, baseadas em ciclos de animação, fusão entre ciclos de movimentos e busca de maior realismo com os recursos disponíveis.

Nesse contexto, uma nova técnica começou a ser incorporada a animações para cinema, a partir de 1991, e jogos digitais, em 1995. Conhecida como captura de movimento ou captura de performance, é um conjunto de artifícios digitais para mapear e reproduzir deslocamentos em objetos ou seres vivos. A captura de movimento (*mocap*) permite traduzir uma atuação ao vivo em uma atuação digital e animar personagens, com forma humana ou não. Ao mesmo tempo que evoluiu e se estabeleceu com uma filmografia expressiva, na produção de praticamente todos os jogos digitais de sucesso, e, mais recentemente, como ferramenta de interação, a captura de movimento foi confrontada com preconceitos e críticas, na maioria das vezes em virtude do pouco conhecimento da técnica e da sua proposta. Para compreender melhor esse contexto, é necessário entender também a motivação e a evolução da animação e da captura de movimento.

Um exemplo recente do atual estágio da arte da animação com captura de movimento está em *As aventuras de Tintin*, de 2011. O filme foi premiado com o Globo de Ouro, mas não pôde concorrer ao Oscar de melhor animação em 2012. O debate sobre essa não indicação foi intenso na época. Em 2010, a Academy of Motion Picture Arts and Sciences (2012) acrescentou uma linha curta, e sem maiores explicações, às regras do Oscar: "Captura de movimento por si não é animação". Joe Letteri, supervisor sênior dos efeitos visuais de *As aventuras de Tintin* e *Avatar*, analisa a recusa para a indicação ao Oscar (Kilday, 2012):

> Eu acho que foi um grande lapso não reconhecer aquelas conquistas. O pessoal de efeitos visuais não as reconheceu, porque pensou que era animação, e o pessoal da animação não a reconheceu porque ela estava usando captura de performance e técnicas de efeitos visuais.

Esse é um tema que retorna agora ao centro das atenções. Conforme amplamente discutido por Liverman (2004), o debate sobre a mocap servir ou não à arte e à animação atingiu anteriormente seu ápice em 1999, quando o show animado para televisão *País de Donkey Kong*, que usava captura de movimento juntamente com animação por keyframes (explicada mais adiante), foi rejeitado para disputar o Emmy, sob a argumentação de que não era animação. Naquela época, o sindicato norte-americano de animadores recusava a inscrição de candidatos que utilizavam a captura de movimento. Em 2002 ocorreu um cenário oposto ao da recusa de *Donkey Kong*. A mocap foi utilizada para animar o personagem Gollum, no segundo e no terceiro filme da trilogia dirigida por Peter Jackson, *O senhor dos anéis*. O personagem teve uma participação central na narrativa e contracenou com atores reais, como se todos estivessem sendo filmados ao mesmo tempo. Houve então, à época, uma discussão intensa para se criar, no Oscar, uma nova nominação para o ator que dava vida ao personagem animado por captura de movimento.

O processo para animar personagens com essa técnica também apresenta discussões de nomenclatura. Alguns dos nomes adotados são captura de movimento, captura de performance, animação de performance, marionete digital e animação em tempo real. Seja qual for a denominação, as possibilidades que se abrem para a criação e a realização de produções são amplas. Atualmente, gerar uma animação digital a partir da performance de um ator, atleta ou qualquer outro indivíduo, ao vivo e em tempo real, tem se popularizado rapidamente. De um lado, temos as produções para o cinema e a indústria de jogos, que fazem a tecnologia e suas possibilidades avançarem, usufruídas por centenas de milhões de pessoas. De outro, está uma massa de usuários, quase todos potenciais, que demandam soluções menos robustas e mais baratas.

A introdução da câmera Kinect, da Microsoft, no final de 2010, mudou rapidamente esse cenário. Por meio do kit de desenvolvimento fornecido pela Microsoft (disponível em www.microsoft.com/en-us/kinectforwindows/), é possível desenvolver aplicações de realidade aumentada e animação de personagens com a captura de gestos e de movimentos corporais.

No Brasil, bancos de dados de captura de movimento ainda são pouco utilizados para animação de personagens virtuais em qualquer tipo de aplicação. Quando usados em jogos ou no audiovisual, em geral, os dados são alugados, comprados ou adquiridos gratuitamente de fornecedores, já que apenas uma empresa, pelo que se conhece, tem feito esse trabalho específico no Brasil (RPM, 2013). Essa situação decorre do fato de os equipamentos de mocap serem muito caros, incluindo as taxas de importação e os impostos, bem com de a sua utilização ter complexidades intrínsecas. Diante desse cenário, trabalhei com a equipe do professor Arnaldo de Albuquerque Araújo para construir um sistema de captura de movimento de código aberto, cujos resultados principais são apresentados adiante. O Kinect também tem contribuído para mudar esse contexto.

A arte da animação sempre esteve à procura de técnicas que diminuíssem o trabalho envolvido na construção da história quadro a quadro e que contribuíssem para expandir o seu universo de expressão. Antes de se elevar à categoria de manifestação artística, a animação esperou pela evolução técnica para despontar como uma forma de expressão humana, no início do século XX. A arte da animação é expressa nos desenhos animados, nas animações abstratas, nos jogos eletrônicos, nos efeitos visuais e em outras modalidades. A utilização da animação torna-se ainda mais ampla com a imagem digital em movimento. Neste capítulo, a utilização da captura digital de movimento e os conceitos relacionados à animação de personagens em geral são abordados de uma maneira geral, privilegiando os conceitos básicos mais importantes.

6.2. ARTE DA ANIMAÇÃO NÃO DIGITAL

A arte da animação reconta o mundo, as emoções, os conflitos, a realidade cotidiana e/ou as abstrações, com imagens construídas a partir do trabalho do animador, com seus desenhos e pinturas, ou, sinteticamente, com a computação gráfica. Essas imagens não são capturadas diretamente de uma cena que está acontecendo em tempo real, mas a animação pode interagir com imagens obtidas diretamente do mundo físico ou subverter o tempo, ao se gravar a cena por meio da parada de ação, ou stop motion. No stop motion, os objetos de cena são deslocados a cada quadro capturado, parecendo animados quando exibidos na cadência de quadros por segundo do cinema ou vídeo. Os movimentos, no stop motion, são criados a partir das articulações e formas dos objetos ou das marionetes em cena. Neste tópico, analisaremos o que passou a ser chamado de desenho animado, cujos recursos são diferentes dessa animação com stop motion.

A animação tem se beneficiado dos avanços tecnológicos ao longo dos tempos, para criar a ilusão de movimento. Podemos dizer que, antes do cinema, foram realizados avanços significativos com meios que já estavam presentes há algum tempo e que foram reinventados. Foi assim com a lanterna mágica, surgida em 1645, e outros dispositivos lançados ao longo do século XIX, como o fenaquitoscópio, o zootrópio, o livro mágico (*flipbook*) e o praxinoscópio, que já permitiam realizar animações curtas (Ramos, 2013).

Um ponto de virada na produção da animação aconteceu com o surgimento da película fotossensível, do cinetoscópio e do cinematógrafo, em torno de 1895. Com esses recursos, tornou-se possível filmar a animação, que podia ser construída quadro a quadro, um fotograma de cada vez. Apesar dos *trickfilms* (filmes com efeitos, principalmente com o stop motion) e das histórias em quadrinhos já existirem no final do século XIX – que indicavam uma maneira de realizar a decupagem e confeccionar os desenhos animados –, foram necessários 11 anos, depois da invenção do cinematógrafo, para que surgisse a primeira animação em película (Crafton, 1993). Em 1906, J. Stuart Blackton realizou o *Humourous fases of funny faces* nos estúdios de Thomas Edison. Trata-se um filme de três minutos, com a animação quase toda desenhada a giz, em um quadro-negro, com o movimento capturado pela película quadro a quadro: filma o quadro, altera o desenho, filma o próximo, altera o desenho, e assim por diante. Em 1908, surgiu a primeira animação europeia, *Fantasmagorie*, de Emile Cohl, de um minuto de duração, um pouco mais complexa que a de Blackton, mas com os mesmos recursos de expressão.[1]

A partir desse momento inaugural, a arte da animação evoluiu de forma lenta, porém mais rápida que o cinema. Nos primeiros tempos da produção cinematográfica, existia o desenho animado e o trickfilm. Utilizavam-

---

[1] Grande parte da obra cinematográfica dos primeiros tempos da animação pode ser encontrada, na forma de vídeo, pelos mecanismos de busca da web. Todos os filmes são de domínio público e, afortunadamente, podem ser vistos e estudados nos dias de hoje, de onde o espectador estiver.

-se então exclusivamente desenhos quadro a quadro e trucagens ópticas para imprimir a animação na película. Diversas invenções foram introduzidas nos 20 anos que sucederam a primeira animação em película, com o intuito de reduzir o trabalho braçal de redesenhar, em cada quadro, todos os personagens e o cenário. As principais inovações nesse sentido foram a introdução do uso do acetato e da mesa de desenho. Tudo precisava ser criado pela primeira vez na época, e os artistas vinham das redações de jornais e de publicações impressas, sem nunca terem animado um desenho (Barbosa Junior, 2002).

Para criar e animar personagens, o animador deve observar e reproduzir os movimentos de elementos e cenas do cotidiano, com toda a liberdade característica do desenho. Nessa fase inicial, esses estudos deram origem à animação elástica. Os personagens então passaram a ter seus membros flexíveis como mangueiras e o mesmo podia acontecer com o tronco. Dessa maneira, buscava-se dar fluidez aos movimentos.

As animações realizadas em torno de 1915, salvo algumas exceções, eram bastante primárias, com os desenhos dançando na tela, por falta de alinhamento quadro a quadro, e rabiscos mal realizados. Contudo, eles despertavam grande curiosidade do público. Diante das dificuldades para animar, tanto na realização do trabalho como nos resultados então obtidos, Max Fleisher inventou a rotoscopia, o primeiro sistema para capturar o movimento de atores e transformá-lo em animação de personagens, em 1915. A história da invenção da rotoscopia é recontada pelo filho de Max, Richard Fleischer (2005), e ilustra bem as condições de trabalho da época. A intenção de Max Fleischer era fornecer um método que reduzisse custos e tempo de produção, além de melhorar a qualidade dos movimentos dos personagens.

Max trabalhava como editor de arte do jornal *Popular Science Monthly*. Waldemar Klaempffert, cientista renomado e editor-chefe do jornal, muito chateado com a qualidade de uma animação que acabara de assistir, virou-se para Fleischer e disse:

> Max, você é um jovem brilhante. Você é um artista, você entende de mecânica, de maquinário, de fotografia, e adquiriu uma mente científica. Certamente você pode aparecer com alguma ideia, alguma maneira de fazer cartoons animados melhores, mais suaves, mais parecidos com a vida.

Fleischer começou a trabalhar na ideia da rotoscopia, que é bastante simples, e a patenteou. A Figura 6.1 mostra a folha do registro da patente da rotoscopia, com a explicação do processo. Inicialmente, a sequência real é filmada, encenada por atores. O filme é revelado e as imagens são projetadas sobre uma placa de vidro e redesenhadas pelo animador, quadro a quadro, de trás para frente.

Figura 6.1 – Folha de registro da patente da rotoscopia.

Essa técnica é ainda hoje usada em estúdios de animação tradicionais para copiar movimentos reais capturados e aplicar em personagens de desenho animado. A animação *Chico y Rita*, que concorreu ao Oscar de melhor animação de 2012 e teve parte das cenas gravadas e trabalhadas na Escuela Internacional de Cine y Televisión de San Antonio de los Baños, em Cuba, utiliza a rotoscopia, com aprimoramentos da técnica.

Durante muito tempo, foi questionado se a rotoscopia era animação ou não. Muitos estúdios negavam que a utilizavam, mesmo não sendo verdade.

Os estúdios Disney desenvolveram uma variação da rotoscopia, o photostat, com o qual fizeram muitas cenas de filmes, como as de *Branca de Neve e os sete anões* (Thomas e Johnston, 1984). Na década de 1990, a captura de movimento sofreu uma resistência semelhante da comunidade de animadores e foi chamada de "rotoscopia do diabo".

A grande mudança de paradigma ocorreu com o aparecimento dos estúdios Disney no final da década de 1920, em meio a um cenário dominado pelo *Gato Felix*, de Otto Messmer, e esforços pouco eficazes para aumentar a eficiência da produção dos quadros da animação. Desde o início, Walt Disney imprimiu uma nova forma de animar, a partir da série *Alice no país das maravilhas*, de 1923, com o primeiro curta da série realizado em Kansas City. Esse trabalho abriu para ele as portas do cinema. Disney incentivou o trabalho coletivo e a interação dos artistas em seu novo estúdio em Los Angeles, para avançar com a técnica da animação (Thomas e Johnston, 1984). O estúdio de Disney promovia, para os seus animadores, residências e oficinas com os artistas mais destacados nas diversas áreas, fossem de animação, teatro, música, dança ou artes plásticas. Ele aprimorou vários dos recursos e processos para animar – com a introdução do storyboard, do photostat e de uma mesa modificada de animação, por exemplo – e inovou na adoção da sonorização, em 1929, e do filme colorido, adquirindo a exclusividade do uso do sistema de cores Technicolor, de 1932 a 1935. O primeiro filme que utilizou a mistura de três cores da Technicolor foi *Flowers and trees*, de 1932, que fazia parte da série musical *Silly symphonies*.

Em 1938, mil pessoas trabalhavam no estúdio, produzindo simultaneamente três longa-metragens e diversas animações curtas. O workflow artístico seguia padrões industriais, com todas as linhas de produção envolvidas com o desenho e suas nuances de movimento, com a personalidade dos personagens, os cenários, a sonorização e a narrativa. É dessa época o estabelecimento dos 12 princípios da animação, que até hoje são referência para a arte de animar (Thomas e Johnston, 1984; Liverman, 2004). Esses princípios funcionam tanto para desenhos a mão livre, no papel ou no computador, quanto para aqueles feitos a partir de um modelo real, como na rotoscopia, no photostat e na captura de movimento.

Por meio desses princípios, é possível analisar as possibilidades da captura de movimento para as diferentes demandas de uso da técnica. Os 12 princípios básicos estão listados a seguir, utilizando algumas observações adicionais de Liverman (2004):

1. Comprimir e esticar: pode ser criado para criar uma sensação de peso.
2. Antecipação: movimento na direção oposta antes que a ação principal comece.
3. Encenação: apresentar uma ideia ou ação claramente; como os personagens interagem entre si, como se movem, como a cena é vista.
4. Animação direta e posição-chave: são dois métodos de animação. No primeiro, a ação é construída em uma sequência de eventos quadro a quadro, começando no início até que a animação esteja completa. No segundo, as poses mais importantes da ação são construídas primeiramente. A seguir, os quadros intermediários vão sendo preenchidos até que a animação esteja completa (*in-between*).
5. Ação secundária: movimento de outras partes do personagem ou objetos que reagem ao movimento.
6. Continuidade e sobreposição da ação: refere-se ao movimento secundário, como passar do ponto de parada e depois retornar, quando se está parando, por exemplo; é o oposto da antecipação.
7. Aceleração e desaceleração: mudanças na velocidade dos objetos animados.
8. Movimento em arco: a maior parte dos movimentos não é linear; refere-se aos objetos se movendo no espaço em arcos em vez de retas.
9. Temporização: refere-se ao ritmo em que a ação ocorre.
10. Exageração: implica aproximar ou ultrapassar os limites da realidade física para aumentar ou dramatizar a performance do personagem.
11. Personalidade: dois personagens idênticos podem aparecer totalmente diferentes, com personalidades diversas em cada um deles, como os *Três Porquinhos*.
12. Apelo: os personagens devem ser interessantes e atrativos para a plateia.

Os princípios de sobreposição de ação, animação direta, aceleração e desaceleração, arcos e movimento secundário são naturais para uma atuação ao vivo. Assim, esses princípios são naturalmente incorporados no processo de captura de movimento. A temporização, o apelo, a personalidade e a encenação requerem mais trabalho, seja qual for a técnica utilizada.

6.3. COMPUTAÇÃO GRÁFICA E CAPTURA DE MOVIMENTO

A computação gráfica amadureceu como uma nova técnica para gerar gráficos e dar a sua saída como imagem digital. Sua trajetória iniciou-se no final da década de 1950 e, na década de 1980, seu avanço atingiu um patamar que já permitia sua utilização no audiovisual, por meio de equipamentos que custavam vários milhões de dólares e tinham desempenho pior que os computadores mais simples de hoje. Mesmo assim, *Tron*, o primeiro filme a fazer uso da computação gráfica em algumas cenas, foi lançado pelos estúdios Disney em 1982. A partir daí, novas ferramentas digitais foram sendo criadas para manipular a imagem e gerar gráficos, passando por diversas mudanças de paradigma. Essa evolução atendeu, antes de tudo, às demandas artísticas e de narrativa, limitadas pela capacidade tecnológica de cada período.

A computação gráfica atingiu seu estágio atual com contribuições de equipes de profissionais dentro de estúdios, empresas de desenvolvimento e da pesquisa acadêmica, com artistas, matemáticos, programadores e engenheiros, que trabalham e trabalharam intensamente para a solução dos desafios que foram sendo apresentados. É digna de destaque a pesquisa desenvolvida pela Industrial Light and Magic (ILM), de George Lucas, a partir de 1975 (Industrial Light and Magic, 2013). Nas décadas de 1980 e 1990, ela tinha mais pesquisadores da área de imagem digital que qualquer universidade do mundo. Em 2004, ganhou a National Medal of Technology Award, nos Estados Unidos, pelas suas contribuições tecnológicas, e é a única empresa de entretenimento com essa honra. Recebeu 23 Oscars de Ciência e Tecnologia e 15 Oscars de Cinema, até ser adquirida pelos estúdios Disney em 2013.

Os métodos e princípios da animação tradicional foram incorporados pelos softwares de animação e modelagem que utilizam soluções de computação gráfica. Existem três maneiras de se fazer animação com computação gráfica, como na animação tradicional: animação por keyframes, animação direta e a mistura dos dois métodos, que está em um dos 12 princípios. Na animação por keyframes, são utilizados quadros-chave (*keyframe*) ou poses-chave que, em geral, são os extremos de uma ação, em que se atribuem valores a parâmetros envolvidos no movimento, como posição, cor ou o que quer que possa variar com o tempo. Faz-se isso nos quadros principais e o computador calcula a evolução dos parâmetros entre os quadros-chave, utilizando interpolação e ajustes predeterminados, habilitados pelo animador, como o *easy-in* e o *easy-out* – que podem ser traduzidos por aceleração e desaceleração (Williams, 2007). Na animação por keyframe tradicional, desenhada, a construção dos quadros-chave é feita pelo diretor de animação e os quadros intermediários pelos assistentes, que são chamados de inbetweeners. Na animação direta, anima-se cada quadro, do início ao fim, como no stop motion, na rotoscopia e na captura de movimento. As animações, em geral, adotam um método híbrido entre essas duas maneiras, utilizando uma ou outra quando for mais adequado.

De uma forma natural, com a tecnologia da computação gráfica e da imagem digital já mais madura, surge a captura digital de movimento. Em 1984, isso foi feito pela primeira vez para a publicidade. Nos Estados Unidos, a associação formada pelos maiores fabricantes de comida enlatada encomendou uma animação para ser veiculada durante o Super Bowl, em janeiro de 1985. Eles queriam associar a imagem de modernidade aos enlatados, e a Apple havia lançado o comercial *1984* durante o campeonato de basquete de 1984, que teve grande impacto. Esse desafio foi feito à empresa Robert Abel and Associates. Bob Abel tinha um software que, com melhoramentos, poderia animar o primeiro personagem virtual. No grupo de Abel participavam Bill Kovaks e Roy Hall, cofundadores da futura Wavefront Technologies – criadora do programa de modelagem e animação Maya, que é uma referência hoje, apesar de ter sido adquirido pela Autodesk; Con Pederson, cofundador do futuro Metrolight Studios; Charlie Gibson, vencedor do Oscar como supervisor de efeitos especiais em *Babe* (1995), entre outros colaboradores. Foram utilizadas três câmeras de 35 mm para triangular as posições 3D dos pontos na atriz real. Eles trabalharam utilizando o primeiro computador da Silicon Graphics, o SGI Iris 1000, para desenvolver o personagem. Após conseguirem animá-lo, o desafio final foi processar o comercial de 30 segundos nas duas semanas que faltavam para o prazo de entrega. Para isso foram utilizados 60 computadores VAX 750 em vários lugares dos Estados Unidos. O trabalho foi finalizado dois dias antes do prazo final. O nome do comercial é *Brilliance*, ou *Sexy Robot*, (2011). O *making of* da produção do comercial está em Abel (2013). A Figura 6.2 exibe imagens desse comercial.

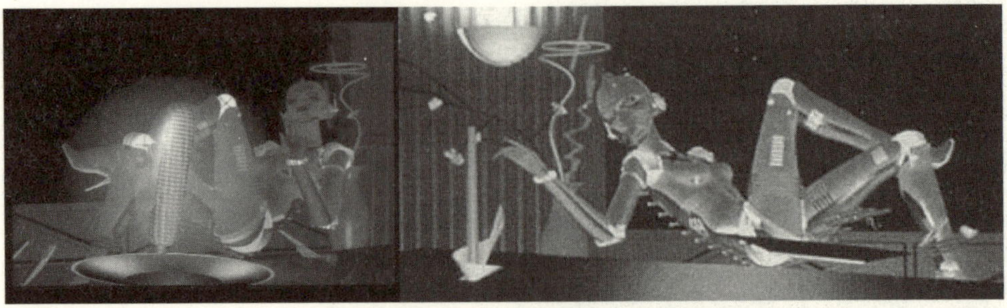

Figura 6.2 – *Sexy Robot*, primeiro personagem animado por captura de movimento (Abel, 2013).

6.4. CAPTURA DIGITAL DE MOVIMENTO

A captura de movimento, também conhecida como *motion capture* (mocap), é um conjunto de artifícios para mapear e reproduzir deslocamentos em objetos ou seres vivos. Atualmente, utiliza recursos digitais e é um campo do conhecimento relativamente recente e em rápida evolução. A mocap foi primeiramente utilizada e desenvolvida para aplicações médicas, mas as produções cinematográficas e de jogos eletrônicos se apropriaram dela e expandiram suas aplicações. Hoje, ela integra os planejamentos de produção em diversos tipos jogos bem-sucedidos, como as séries *Fifa Soccer* e *NBA Live*, *Assassin's Creed* e quase todos os jogos de sucesso.

De maneira resumida, nos dias de hoje, a captura de movimento é o processo que permite traduzir uma atuação ao vivo em uma atuação digital ou, como definido por Menache (2011), "é o processo de gravar um evento de movimento ao vivo, traduzi-lo em termos matemáticos utilizáveis ao rastrear um número de pontos-chave no espaço através do tempo e combiná-los para obter uma representação tridimensional única da performance". Em geral, capturam-se separadamente os movimentos corporais dos movimentos faciais, devido às características e sutilezas desses últimos. São colocados marcadores ou sensores em pontos-chave do corpo, como as junções das articulações, e suas posições são monitoradas ao longo do tempo. Depois, essas posições são transferidas para as articulações do personagem a ser animado e, dessa maneira, ele ganha vida.

A captura de movimento envolve um conhecimento multidisciplinar, utilizando técnicas de computação e de engenharia associadas à criação e realização de animações, bi ou tridimensionais, sobre imagens puramente animadas virtualmente ou aplicando animações sobre cenas gravadas. Além disso, deve-se dirigir a performance do ator que dará vida ao personagem.

Se adotamos uma definição mais vaga, com a captura de movimento sendo o "ato de capturar os movimentos em geral", pode-se localizar sua origem no final do século XIX, nos trabalhos dos fotógrafos Eadweard Muybridge (1984), com o zootrópio, e Etienne-Jules Marey (2011), com a cronofotografia. Eles desenvolveram, independentemente, técnicas de fotografia para estudar a locomoção, que foram amplamente utilizadas por artistas plásticos, animadores e cientistas. Por suas técnicas fotográficas, são considerados os precursores, do cinema, que estava para ser inventado com o cinematógrafo dos irmãos Lumière e o cinetoscópio de Thomas Edison. Marey realizou estudos sobre o movimento humano e animal. Ele utilizou uma roupa negra com marcações brancas, correspondentes aos ossos mais importantes para a caminhada, e realizou séries de fotografias utilizando uma placa fotográfica que era exposta diversas vezes para registrar o movimento. A Figura 6.3 apresenta um homem com a roupa especial, à esquerda, e a cronofotografia, à direita.

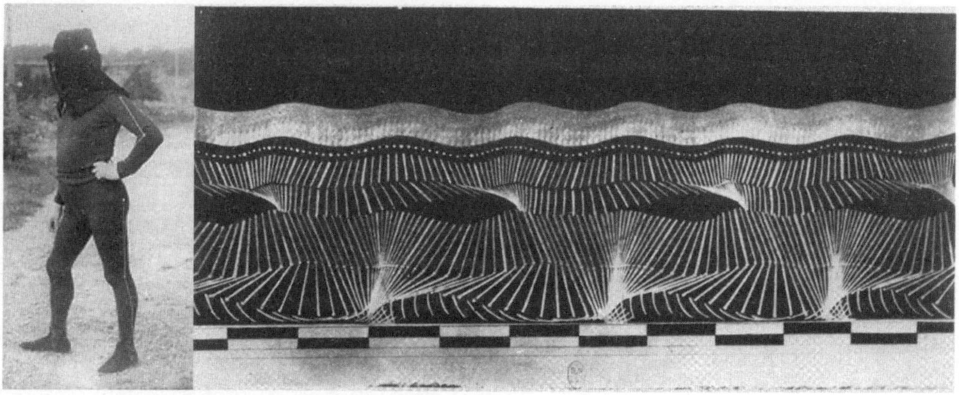

Figura 6.3 – À esquerda, um homem vestindo a roupa preta com marcações em branco; à direita, a cronofotografia. (Marey, 2010).

Muybridge utilizou uma técnica diferente, com uma série de câmeras que eram disparadas em sincronismo, gerando uma sequência de imagens.

Depois ele revelava e ampliava as fotografias e as colocava no zootrópio, que era uma espécie de praxinoscópio (Gomide, 2006). A Figura 6.4 mostra as imagens do galope de um cavalo, as quais resolveram um o desafio, colocado à época, de provar que ao galopar o cavalo levantava as quatro patas simultaneamente.

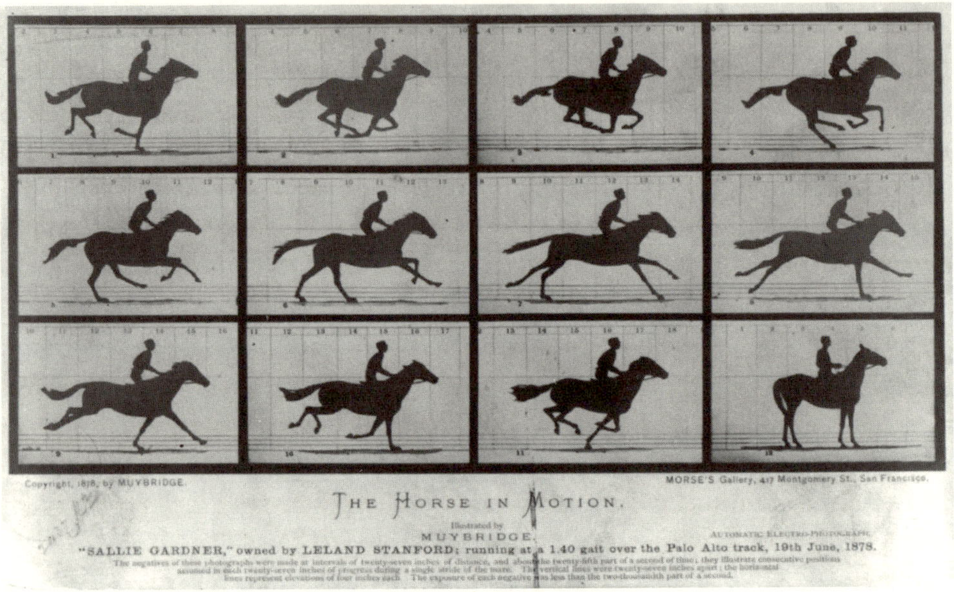

Figura 6.4 – Fotografias do galope de um cavalo feitas por Muybridge (1984).

Algumas das tecnologias usadas atualmente para a captura de movimento existem desde a década de 1980, utilizadas em aplicações com propósitos médicos e militares. Sturman (1994) e Menache (2011) fazem revisões históricas dessa evolução nos primeiros anos da captura digital de movimento. De todos os eventos, abordaremos apenas alguns momentos marcantes.

No começo da década de 1990, a captura de movimento começava a se apresentar como parte confiável de projetos de computação gráfica. Várias empresas buscavam aplicações em tempo real, como Medialab, Mr. Film, SimGraphics, Brad deGraf, Windlight Studios, e outras, como Tsi, Biovision e Acclaim, desenvolviam aplicações que não funcionavam em tempo real, com ênfase no mercado de videogames. É importante ressaltar que a indústria de videogames foi uma das responsáveis pela sobrevivência das empresas que trabalhavam com mocap para animação e seu desenvolvimento nos primeiros tempos. Como na década de 1990 os movimentos não precisavam ser muito precisos e os personagens eram mais rudimentares, ela foi uma ferramenta amplamente utilizada nesse mercado.

Uma produtora francesa de computação gráfica, a Medialab – a mesma que criou e realizou o desenho animado *Donkey Kong Country*, impedido de disputar o Emmy de 1999 por utilizar a captura de movimento – desenvolveu, em 1991, um projeto para criar personagens utilizando a captura de movimento. O primeiro personagem foi Mat, o fantasma, que foi usado em um programa infantil com aparições diárias de um minuto. Ele interagia com cenas previamente gravadas e ficou no ar durante três anos e meio. Mat era controlado por vários animadores: dois controlavam os movimentos faciais e o sincronismo labial, um ator encenava os movimentos corporais do tronco e braços, e assim por diante. O Medialab continuou a desenvolver esse sistema e criou dezenas de personagens para televisão.

Dessa fase inicial de desenvolvimento da captura de movimento, vale citar os esforços da SimGraphics no desenvolvimento da captura de expressões faciais. No início da década de 1990, utilizando sensores mecânicos presos a partes importantes de movimento do rosto e sensores eletromagnéticos na estrutura de sustentação, era possível capturar os movimentos mais importantes da face e mapeá-los em personagens de computador em tempo real. Um só ator manipulava todas as expressões faciais do personagem simplesmente fazendo a mímica em si mesmo. O exemplo mais famoso de personagem usando esse sistema é Mario, de 1992, do jogo da Nintendo, que tinha também um programa de televisão no qual interagia em tempo real com o público.

Em 1992 foi produzido o videoclip para a música "Steam", de Peter Gabriel, que utilizava captura de movimento em diversas cenas. Foi o primeiro vídeo de música que utilizou essa técnica e ganhou o Grammy de vídeo do ano de 1993.

O primeiro filme a utilizar a captura de movimento com sucesso foi *O exterminador do futuro 2*, de 1991, dirigido por James Cameron. Antes desse filme, a técnica havia sido empregada e depois descartada em uma sequência do filme *O vingador do futuro*, de 1990, dirigido por Paul Verhoeven, também estrelado por Arnold Schwarzenegger.

Para *O vingador do futuro*, o Metrolight Studio faria a captura de movimento com um sistema óptico lançado havia pouco tempo. O filme estava sendo rodado na Cidade do México, e decidiu-se mandar para lá o sistema de captura e um operador indicado pelo fabricante do equipamento. Na sequência a ser trabalhada, o personagem de Schwarzenegger, com soldados e vários extras, atravessava um aparelho de raio X e suas imagens apareciam como esqueletos caminhando. A captura de movimento não forneceu os dados pretendidos e o projeto foi abandonado, optando-se pela animação por keyframe, que recebeu o Oscar de efeitos daquele ano.

Em *O exterminador do futuro 2*, a técnica de captura de movimento foi utilizada para animar o robô T-1000, encenado por Robert Patrick. O robô era de metal líquido e viera do futuro para enfrentar o robô T-800, encenado por Schwarzenegger, também mandado do futuro pela Skynet. Dennis Muren e equipe levaram o Oscar de melhor efeito do ano. A captura de movimento foi feita pela Pacific Data Images (PDI), empresa que trabalha com captura de movimento desde os primeiros protótipos, e a Industrial Light & Magic.

Lançado em 1995, o game *FX Fighter* foi o primeiro jogo de luta em tempo real, com personagens e cenários 3D. Foi também um dos primeiros jogos a utilizar mocap para animar os personagens. Nos games com captura de movimento, os personagens são animados quando o jogador dá a entrada em um conjunto de ações animadas por mocap, como corrida, pulo, chutes e socos, que correspondem a movimentos armazenados em um banco de dados. Os pedaços de ações aparecem de tal maneira que o jogador não percebe a mudança entre elas, que são feitas com morphing, parecendo que ele tem total controle dos movimentos dos personagens. Cada conjunto de ação é arquivado em bancos de dados e as mudanças entre esses bancos de dados são provocadas pelo usuário. O sucesso desse jogo incentivou outras empresas a utilizarem essa tecnologia em seus games (Kitagawa e Windsor, 2008).

Esses projetos pioneiros indicaram as vantagens e desvantagens da utilização de diferentes princípios físicos para a captura de movimento e as limitações relacionadas à aquisição de dados. Atualmente, muitas das ideias originalmente utilizadas permanecem, com o emprego de hardware com capacidade de processamento que permite fazer a animação em tempo real. Esses primeiros esforços ajudaram a pavimentar a estrada por onde viria toda a indústria de animação, com o lançamento de atualizações para todos os principais programas de modelagem de personagens 3D que permitem uma interface de animação mais amigável e economia de tempo na realização das produções para cinema, jogos eletrônicos e o audiovisual em geral. As colaborações entre os realizadores desses primeiros projetos de pesquisa e produtoras de efeitos visuais para cinema consolidaram o uso dessa técnica em diversos filmes que se destacaram ao abrir novas perspectivas de realização cinematográfica.

Hoje, os dispositivos para capturar movimento podem ser classificados em ativos ou passivos, síncronos ou assíncronos, com marcadores ou sem marcadores e/ou de acordo com os princípios físicos empregados (Moeslund et al., 2006). Podem ser colocados marcadores ou sensores em pontos-chave do corpo, como as articulações dos ossos, e suas posições são monitoradas ao longo do tempo. Em seguida, essas posições são transferidas para as articulações do personagem a ser animado e, dessa maneira, ele ganha vida. Soluções sem a utilização de marcadores têm trazido novas perspectivas para a mocap, que deverão ser as mais utilizadas em um futuro breve.

De acordo com o princípio físico usado, podem ser divididos em três métodos principais: mecânico, óptico e magnético. O sistema mecânico pode ser inercial – como no console de jogos Wii da Nintendo –, acústico ou basear-se em próteses. O óptico apoia-se em um conjunto de câmeras que capturam a cena, como no Kinetic, da Microsoft. Cada câmera enxerga a cena em duas dimensões e, feita a triangulação entre as câmeras, recupera-se a profundidade do movimento. Na captura magnética, os transmissores emitem campos magnéticos e os receptores medem a sua orientação com relação a um campo do qual se sabe a intensidade e sentido. Liverman (2004) discute as vantagens e desvantagens de cada método e a história da evolução da captura de movimento.

Um sistema de captura de movimento pode ser esquematizado como na Figura 6.5. A complexidade do módulo de análise depende do nível dos dados enviados pelo módulo de percepção do movimento.

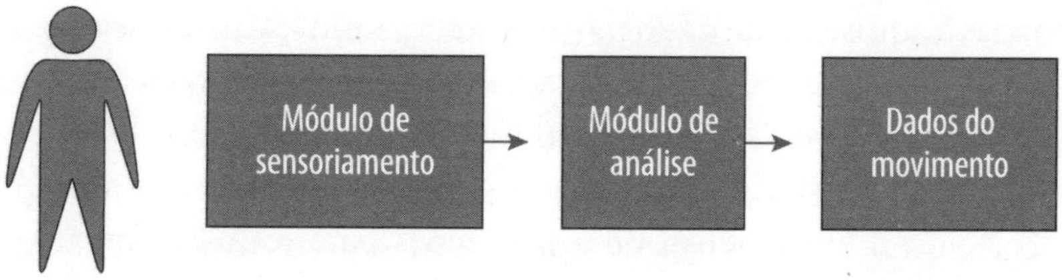

Figura 6.5 – Diagrama dos diversos componentes de um sistema de mocap (Moeslund et al., 2006).

O sistema ativo usa dispositivos no sujeito que transmite ou recebe sinais. Quando o dispositivo funciona como transmissor, ele gera um sinal que pode ser medido por outro dispositivo nos arredores. Quando funciona como receptor, o sinal costuma ser gerado por uma fonte ao redor. Marey foi o primeiro a utilizar uma mocap ativa, em 1873, quando usou sensores pneumáticos e câmeras de pressão sob os pés para medir a pressão no pé ao caminhar. O sensor magnético e os marcadores com LED são exemplos de dispositivos usados em um sistema ativo.

No sistema passivo, os dispositivos não afetam as suas vizinhanças. Eles simplesmente observam o que já está no universo, como as ondas eletromagnéticas, e não geram novos sinais. A ideia é usar uma imagem obtida de uma câmera e capturar o movimento com base naquela imagem. Muybridge foi o primeiro a utilizar essa técnica, em 1878, ao demonstrar que o cavalo tira as quatro patas do chão ao galopar.

Por interação síncrona entende-se aquela na qual o movimento capturado é imediatamente usado para controlar algo no mundo real ou virtual. A interação assíncrona é assim chamada por ser utilizada depois de gravada e elaborada.

Aqui será dada ênfase à captura passiva óptica, que tem maior receptividade em aplicações de animação.

6.5. CAPTURA DE MOVIMENTO E CAPTURA DE PERFORMANCE

Para animar com a captura de movimento, até a virada do século capturava-se apenas o movimento corporal, a animação da face era construída manualmente, uma vez que os movimentos faciais são mais sutis e requerem maior precisão para mapear as dezenas de conjuntos de músculos e seus vínculos. Quando se tornou possível a captura de movimento facial, as pessoas envolvidas com essa ampliação da técnica passaram a chamá-la de captura de performance (*perfcap*). No entanto, a captura de performance nada mais é que a própria técnica de captura de movimento aplicada a movimentos mais sutis, que permite melhorar as animações de personagens com mocap e dar a elas mais realismo. Os recursos computacionais são os mesmos, apesar da diferença significativa na qualidade dos resultados. Com o acréscimo da captura facial, é possível trabalhar as nuances da atuação de qualquer ator e ajustá-las a um personagem, que pode ter ou não semelhanças com o tipo físico do ator. Jim Carrey atuou para nove personagens diferentes no filme *Os fantasmas de Scrooge* (2009), dos estúdios Disney. Em uma entrevista publicada no portal Orange (Carnevale, 2009), o ator explica o processo de gravar e utilizar a sua performance física em personagens diferentes.

O primeiro longa-metragem a usar a captura de movimento, *O exterminador do futuro 2*, em 1991, foi dirigido por James Cameron. O trabalho foi realizado pela Industrial Light and Magic, utilizando um software proprietário e o melhor equipamento existente na época (Film Directors, 2013).

A partir desse momento inicial, o que se observa é um conjunto de diretores e de produtoras envolvidos em filmes que avançam com a tecnologia, a cada trabalho realizado. Entre os diretores, destacam-se os principais realizadores de filmes com a tecnologia:

- George Lucas: diversas produções feitas na Industrial Light and Magic, com o software desenvolvido pela ILM, o Imocap. *O exterminador do futuro 2* (1991) , que teve os efeitos produzidos pela ILM, é o primeiro exemplo de filme com mocap, e há uma continuidade do trabalho com filmes como *Guerra nas estrelas*, *Piratas do Caribe* e *Avatar*.
- James Cameron: *O exterminador do futuro 2* (1991), *Titanic* (1997), *Avatar* (2009).
- Peter Jackson: *O senhor dos anéis* (2001-2003), *King Kong* (2005), *As aventuras de Tintin* (2011), *O hobbit* (2012).
- Robert Zemeckis: *O expresso polar* (2004), *A casa monstro* (2006), *A lenda de Beowulf* (2007), *Os fantasmas de Scrooge* (2009).
- Steven Spielberg: *O parque dos dinossauros* (1993), *A casa monstro* (2006), *As aventuras de Tintin* (2011).

A ILM, com o Imocap, e a Sony Pictures Imageworks, com o Imagemotion, apresentam equipamentos proprietários com os melhores resultados em captura de movimento. Ambos receberam o Oscar de tecnologia de 2010, pelas soluções desenvolvidas para *Avatar*. A produtora neozelandesa Weta Digital também tem soluções próprias e tem se destacado desde a produção da trilogia *O senhor dos anéis*, passando por *King Kong*, *Avatar*, *As aventuras de Tintin* e *O hobbit* (Weta, 2013).

A Tabela 6.1 expõe a história da captura de movimento de forma resumida, destacando os principais filmes e conquistas.

Tabela 6.1 – Produções mais significativas com a captura de movimento do ponto de vista tecnológico

2012	*O hobbit*	Produzido pela Weta Digital e ILM.
2011	*As Aventuras de Tintin, Happy Feet 2*	*As Aventuras de Tintin* recebeu o Globo de Ouro de Melhor Animação, em 2012.
2009	*Avatar, Os Fantasmas de Scrooge*	*Avatar* é a maior bilheteria da história do cinema. Recebeu o Oscar de Efeitos Visuais.
2007	*A lenda de Beowulf*	Nova etapa da produção com mocap, com atores conhecidos fazendo a performance para animação.
2006	*Happy Feet, A casa monstro*	*Happy Feet* recebeu o Oscar de Melhor Animação. *A casa monstro* teve produção de Spielberg e Zemeckis.
2005	*King Kong*	Recebeu o Oscar de Efeitos Visuais. Contou com dublês digitais, com captura de movimento.
2004	*O expresso polar*	Tom Hanks dá vida a seis personagens.
2003	*Matrix reloaded*	Utilização da captura de movimento em diversas cenas. Recebeu o Oscar de Efeitos Visuais.
2002	*O senhor dos anéis: as duas torres*	A atuação de Andy Serkis, com o personagem Golum, provocou o debate para se criar uma nova nominação do Oscar, para o ator que dá vida ao personagem virtual. recebeu o Oscar de Efeitos Visuais.
2001	*Final fantasy*	Primeiro filme para o grande público com todos os personagens animados com mocap.
2000	*Sinbad:* beyond the veil of mists	Primeiro longa-metragem com todos os personagens animados com captura de movimento. Teve diversos problemas de realização e distribuição.
1997	*Titanic*	Multiplicação da multidão no porto, com captura de movimento. Recebeu o Oscar de Melhor Filme e de Efeitos Visuais.
1993	*Jurassic Park:* o parque dos dinossauros	Utilização de modelos dos dinossauros, com captura de movimento, feitos pela Pacific Data Images. Recebeu o Oscar de Efeitos Visuais.
1991	*O exterminador do futuro 2*	Primeiras cenas com captura de movimento, dirigido por James Cameron. Recebeu o Oscar de Efeitos Visuais.

Diversos estúdios ao redor do mundo fornecem dados de captura de movimento sob demanda para diferentes tipos de produções audiovisuais, que vão dos jogos digitais aos filmes e séries de televisão. Uma ampla variedade de soluções é oferecida por diversas companhias de desenvolvimento, como a Animazoo, a Ascension, a iPi, a Natural Point, a OrganicMotion, a Phase Space, a Stage e a Vicon, utilizando princípios mecânicos, magnéticos ou ópticos. Os preços variam de milhares de dólares a centenas de milhares de dólares, dependendo da qualidade dos dados e do número de atores capturados. Uma comparação entre cinco sistemas pode ser encontrada em Gomide (2012).

6.6. CAPTURANDO MOVIMENTO

Este tópico apresenta as etapas que devem ser percorridas a fim de obter os dados de movimento para animar o personagem. Serve como um guia para o artista e o animador realizar, de forma correta, a captura de movimento e a preparação do personagem, da forma inicialmente abordada por Liverman (2004).

6.6.1. Preparação da sessão de captura de movimentos

Como a captura de movimento é utilizada para animar um personagem virtual, a forma como ele é criado e como a mocap lhe dá vida é fundamental. A construção e a conceituação do personagem e, principalmente, a sua personalidade são o ponto de partida para definir como a captura será utilizada. Por personalidade entende-se a sua aparência física, os seus movimentos básicos, bem como suas ações e reações a acontecimentos e a outros personagens.

Os seguintes princípios são difíceis de serem trabalhados com a captura de movimento: compressão e esticamento, antecipação, continuidade e exageração além dos limites físicos. Existem métodos manuais e procedimentos para adicionar alguns desses princípios à captura de movimento depois que os dados são coletados. Deve-se analisar a relação custo/benefício caso se devam utilizar esses métodos, pois muitas vezes é mais eficaz utilizar a animação por keyframes. Existem diversos exemplos de produções que desistiram de usar a mocap por conta dessas limitações, como o filme *Shrek*.

Na pré-produção de uma animação na qual se queira utilizar a captura de movimento, deve-se primeiro estudar as características do personagem virtual. A animação por mocap é bastante realista e o ideal é testar previamente como vai se portar o personagem com os movimentos captados. Caso, então, se decida por esse processo de animação, deve-se fazer um planejamento minucioso de cada etapa da produção, isto é, das sessões de captura, para que os dados coletados cheguem com o menor número possível de correções na fase de animação, ou seja, na pós-produção.

O planejamento das sessões leva em conta como os personagens virtuais estarão em cena e em que tipo de formato. Pode ser um jogo eletrônico, um filme, um desenho animado, uma telenovela ou uma interação com um cliente pela internet. Deve-se saber se o personagem cumprirá um roteiro preciso ou se será construída uma biblioteca de movimentos que serão escolhidos de acordo com a demanda do jogo ou da interação com o cliente. Em qualquer dos casos, leva-se em conta o cenário em que o personagem desenvolverá a ação e quais tipos de interação com o ambiente e com outros personagens.

No caso de se desejar construir uma biblioteca de movimentos para um jogo eletrônico, deve-se fazer uma listagem dos movimentos, com o tipo de enquadramento. Se houver continuidade entre os movimentos, isto é, o início de um começar na sequência do final de outro, isso deve entrar no detalhamento da lista. Com a lista concluída, organizam-se as sessões de captura, agendando-as de acordo com o tipo de movimento e de enquadramento para que seja o mais eficiente possível.

O ideal é que se tenha um roteiro detalhado em tomadas e sequências, com as falas e situações em que o personagem se envolve. A partir disso, organizam-se as sessões de captura, levando em conta os tipos de cenários, os personagens e o enquadramento, para que sejam capturados os movimentos utilizando critérios que permitam agilizar o fluxo de trabalho. Tudo isso deve ser discriminado no plano de gravação. Na decupagem das cenas, caso haja interação do personagem com outros personagens ou com objetos, elas devem ser divididas por partes, de acordo com a interação e o movimento. Isso facilita muito o trabalho de pós-produção, na etapa de elaboração dos dados.

Em todas as situações, deve-se adotar um critério minucioso para nomear os arquivos, pois em geral eles são numerosos. Isso ajuda tanto na pós-produção quanto no momento de arquivá-los.

Tendo em mãos o roteiro e o plano de gravação, as sessões de captura podem ser iniciadas. Nesse momento, deve-se estar atento às limitações do equipamento, com base nos princípios físicos utilizados e do software de captura. As interferências decorrentes de metais próximos, no caso de sensores magnéticos, e a oclusão, para os marcadores ópticos, são as limitações principais. A melhor situação ocorre quando já se tem o modelo do personagem virtual a ser animado, ou mesmo uma figura de palitos, para que se possa aplicar os movimentos caso haja dúvidas quanto ao resultado. Dessa maneira, pode-se corrigir a tempo imperfeições introduzidas pelo equipamento, evitando futuros problemas na pós-produção.

É importante estar atento ao número de personagens que estão contracenando e à posição dos marcadores. Antes do início das sessões, deve-se definir onde ficarão os marcadores e não se deve mudá-los de lugar. Se isso acontecer, a nova configuração deve ser mapeada detalhadamente. À medida que as tomadas são feitas, os arquivos devem seguir a nomeação de acordo com os critérios estabelecidos pela equipe de captura, para que possam ser acessados com facilidade. O número de arquivos pode chegar a algumas centenas e até milhares. Esses cuidados precisam ser tomados com certo rigor para que não se inviabilize o trabalho por questões corriqueiras, mas que podem significar uma grande dor de cabeça na pós-produção. Com isso, o trabalho fica mais ágil e pode-se prever com mais facilidade o tempo para finalizar a animação dos personagens.

Os dados devem chegar à etapa de finalização sem muitas alterações por fazer. A performance do ator deve ser a mais próxima do que se pretende da personalidade do personagem. Alterar manualmente a intensidade dos movimentos é muito trabalhoso na pós-produção e, muitas vezes, impossível. Para que não haja aumento do tempo de trabalho e custo além do previsto, o planejamento deve ser o mais minucioso possível. Muitos dados deverão ser trabalhados na fase de finalização, em virtude da oclusão dos marcadores ou ruídos introduzidos na captura, mas devem estar dentro de níveis aceitáveis, isto é, que não afetem o cronograma, como ocorre quando a produção não é bem organizada.

Seguindo essas regras básicas e utilizando-se a técnica em um contexto no qual ela não comprometa o enredo da história, pode-se esperar um resultado bem-sucedido, podendo-se, ao final, reduzir o tempo e o custo com relação à animação tradicional ou computação gráfica por keyframe (Liverman, 2004).

6.6.2. Marcadores

Os pontos monitorados no corpo do ator recebem duas denominações diferentes. Eles são chamados de sensores quando o sistema é magnético e de marcadores quando o sistema é óptico, ou podem ser marcadores em ambos os casos. Será adotada essa última convenção, de denominá-los sempre como marcadores. Para o sistema magnético, a roupa vem com os marcadores no sistema comercializado, e tem-se pouca liberdade de modificar essas posições. Para os marcadores ópticos existem mais possibilidades de modificar suas localizações ao longo do corpo, assim como o seu tamanho.

Para seguir o movimento do corpo nas situações em que o ator estará fazendo a performance, os marcadores devem estar fixos e presos aos pontos escolhidos no corpo. Para se conseguir isso podem ser usadas roupas de *lycra* justas ao corpo, com os marcadores presos a ela. Outra alternativa é prendê-los diretamente ao corpo, com o ator usando calção e deixando os braços descobertos. Nesse caso, os marcadores são posicionados usando faixas de *lycra* com velcro, adesivo de dupla face ou cola especial. Em todas as situações, é importante que os marcadores não se soltem ou se movimentem.

Para o sistema óptico, os marcadores para o corpo podem ser pequenos LED, bolas ou discos refletores. É conveniente usar a radiação de iluminação ou dos LED no infravermelho, com filtros, para deixar passar somente essa frequência, posicionados na frente das câmeras. O diâmetro desses marcadores pode chegar a 5 mm, dependendo da resolução das imagens.

As posições dos marcadores devem permanecer as mesmas durante as sessões de captura, pois elas têm uma equivalência com as articulações do personagem virtual. Caso se mudem essas localizações, elas devem ser bem especificadas e mapeadas para que sejam alteradas na pós-produção. O número de marcadores depende da capacidade de processamento do computador que está sendo usado na sessão de captura e do tempo que se tem disponível para fazer o processamento dos dados. Com o aumento dessa capacidade, tem-se chegado a números que permitem um nível de detalhamento e realismo cada vez maior e em tempo real. No caso do sistema utilizado em *O expresso polar*, utilizaram-se 600 marcadores nos corpos dos atores, levando-se quase duas horas para posicioná-los antes de cada sessão de captura.

A colocação dos marcadores deve levar em conta três questões básicas: 1. definir a posição ou orientação de uma junção; 2. fazer a distinção entre direita e esquerda; 3. ajudar a reconstruir os dados de outros marcadores, que se perderam ou estiverem faltando. Há, então, marcadores para ajudar a definir o esqueleto e seus movimentos, outros para distinguir a esquerda da direita e para identificar os performáticos e, ainda, outros para se achar marcadores que ficarem ocultos. Com base nesses três tipos, tem-se a proposta de posicionamento de 41 marcadores na Figura 6.6.

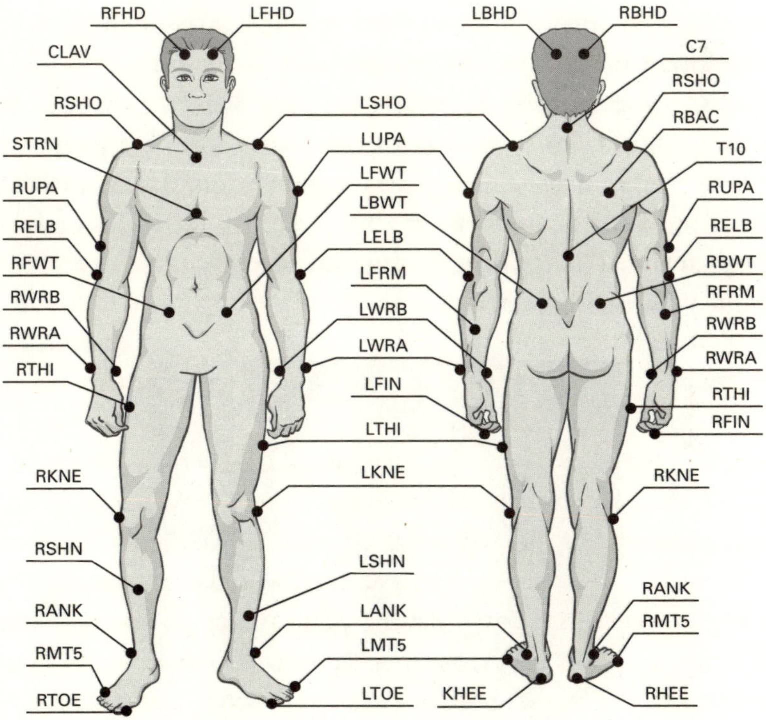

Figura 6.6 – Posições para 41 marcadores.

Para os movimentos faciais, pode-se, ou não, fazer uma sessão separada para esse objetivo, dependendo do software de captura, da capacidade de processamento e da resolução das câmeras. Os marcadores faciais são menores, entre 3 e 4 mm, e são colocados diretamente na pele, com fita de dupla face ou cola especial. A quantidade deles varia de 12 a 150, como no sistema da Sony Pictures Imageworks.

Na captura do movimento das mãos, usam-se também os marcadores de 3 e 4 mm. Eles são empregados para dar a orientação do antebraço e para movimentos gerais da mão. Os movimentos mais detalhados dos dedos são capturados ainda separadamente e, em geral, utiliza-se um sistema com 25 marcadores.

A entrada de dados do sistema de captura óptico é, então, uma sequência de imagens registradas pela câmera, com uma nuvem de pontos, como na Figura 6.7. A saída são as coordenadas das posições dos marcadores para cada imagem. No computador, a imagem é segmentada para extrair as regiões correspondentes aos marcadores na cena original. A segmentação é baseada em ferramentas de processamento de imagem, principalmente transformações morfológicas, que são representadas por algumas operações básicas. Por meio desse processo, localizam-se os centros dos marcadores e seguem-se as suas posições através das imagens, isto é, através do tempo. A quantidade de imagens por segundo corresponde à sua taxa de amostragem. Essa taxa deve ser maior ou igual à taxa de quadros do formato com o qual se está trabalhando, cinema, vídeo ou jogo digital.

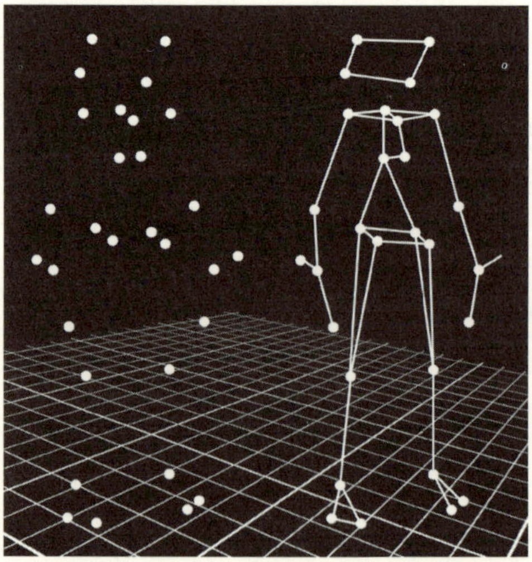

Figura 6.7 – Dados sem grande quantidade de processamento, apresentando os marcadores como se fossem uma nuvem, sem conexões (à esquerda) e conectados por um boneco de palitos (à direita) (2010).

Para seguir os marcadores através dos fotogramas, depois da segmentação e da localização dos pontos, vem a predição de onde eles estão nos próximos quadros. Esse processo é necessário para reduzir a região onde serão procurados os marcadores nas próximas imagens. Assim, tem-se a evolução temporal dos pontos no corpo de quem faz a performance, os quais corresponderão a pontos no personagem virtual.

Concluído o processo de identificação das posições dos marcadores através do tempo, os dados disponíveis são relacionados a cada câmera, com os deslocamentos bidimensionais dos pontos. Por meio de cálculos de triangulação dos dados de cada câmera, feitos em seguida com base em sua posição, chega-se aos valores tridimensionais dos marcadores no corpo do ator.

6.6.3. Preparação do personagem para mocap

Os personagens podem ser criados em diversos programas de modelagem 3D, como o Maya, o Softimage, o 3DMax e o Blender3D. Todos esses programas possuem plug-ins que convertem os dados gerados no processo de captura de movimento, como descrito anteriormente, e os aplicam em pontos predeterminados, equivalentes às posições dos marcadores no ator.

No software de modelagem 3D, o personagem virtual é construído com estruturas articuladas. Essas estruturas são conjuntos de objetos rígidos, que seriam os ossos, por exemplo, conectados por articulações. As articulações formam o vínculo geométrico entre os objetos rígidos, permitindo o movimento relativo entre eles. As estruturas articuladas são representadas por estruturas hierárquicas (árvores), nas quais a posição de cada articulação é definida por meio da composição em sequência das transformações das articulações anteriores, como na Figura 6.8. Com isso, apenas a primeira articulação da estrutura precisa ser posicionada no espaço; o restante dela é posicionado apenas pelos ângulos entre as articulações, chamados de ângulos relativos. São essas informações, a posição da articulação e o ângulo relativo entre o restante das articulações, os parâmetros da animação.

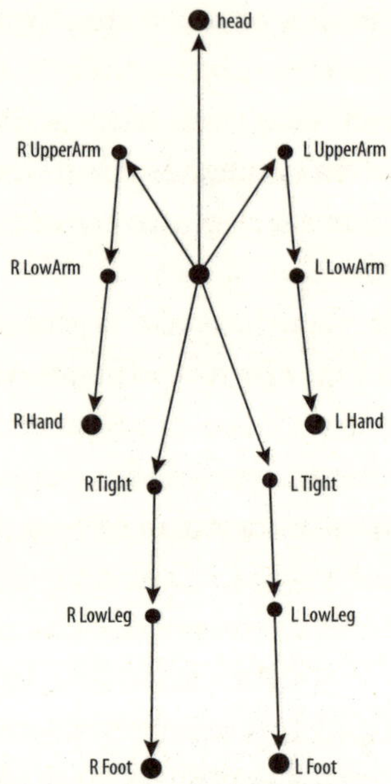

Figura 6.8 – Um tipo de hierarquia para o esqueleto (Menache, 2010).

Os dados gerados no processo de captura vêm em formatos diversos, de acordo com o modo como são organizadas as informações. As extensões para esses diversos formatos são .amc, .bva, .bvh, .trc. O arquivo, em geral, é dividido em duas sessões principais: hierarquia e movimento. A sessão de hierarquia inclui todas as definições necessárias para criar o esqueleto e a sessão de movimento contém o fluxo de dados.

Com esse nível de tratamento técnico, concluímos a abordagem sobre as sessões de captura e o processamento de dados. O nível de sofisticação técnica é o suficiente para que o artista e aquele que for utilizar o recurso disponível possam compreender o comportamento da captura digital de movimento nas diversas etapas do processo.

6.7. OPENMOCAP

Os bancos de dados de captura de movimento ainda são pouco utilizados para animação de personagens virtuais em qualquer tipo de produção cujos recursos financeiros sejam pouco abundantes. Quando usados, em geral, os dados são alugados, comprados ou adquiridos gratuitamente de fornecedores, já que poucas empresas fazem esse trabalho específico. No Brasil, por exemplo, apenas uma empresa fornece dados de movimento para produções profissionais, como apresentado anteriormente, e ela autodenomina-se o único birô da América Latina a fazer isso.

Diante desse cenário, foi desenvolvido um sistema de captura de movimento de código aberto, o OpenMoCap (Flam et al., 2009; Gomide et al., 2011). O software realiza todo o fluxo de trabalho de captura de movimento e fornece os dados nos formatos apropriados para os aplicativos de modelagem e animação. O aplicativo é modular e flexível, permitindo a expansão de suas aplicações e funcionalidades. Com o OpenMoCap, qualquer pessoa poderá baixar o software e acoplar suas câmeras ao computador para capturar movimento.

Para aprimorar seu código e incentivar o debate e a aquisição de *expertise* na área, um portal de animação e realidade aumentada com a captura de movimento foi lançado (www.openmocap.org). Dessa maneira, o código-fonte é disponibilizado para que desenvolvedores ao redor do mundo possam contribuir para o seu aprimoramento, como no modelo do software de modelagem de código aberto Blender (2013). O código-fonte do software também pode ser encontrado no Google Code (http://code.google.com/p/openmocap/).

CAPÍTULO 7

APLICAÇÕES DA IMAGEM DIGITAL

Neste último capítulo, abordaremos algumas aplicações atuais e importantes com a imagem digital, que só são possíveis com a imagem descrita por bits. Os jogos digitais, a técnica do matchmoving, a realidade aumentada, a conversão de imagens rasterizadas em imagens vetoriais e o impacto do sensor Kinect na produção de aplicativos interativos são exemplos de novas tendências e novos caminhos que estão sendo percorridos com a expansão do uso da imagem em seu conceito mais amplo.

7.1. PROCESSAMENTO GRÁFICO E MOTORES EM JOGOS

Em um jogo digital, as imagens vão sendo exibidas em resposta às interações do jogador. Esse é o resultado do design e da programação do jogo digital, que nada mais é que um software que tem como entrada as interações do jogador e como saída a imagem e o som. O processador que permite que o game seja jogado tem de computar as interações do jogador e as regras, a pontuação, a mecânica e os gráficos do jogo. A imagem é processada para dar a saída em cada plataforma, seja ela console, computador ou dispositivo móvel; a profundidade de cores, a resolução espacial, as dimensões, o tipo de dispositivo de exibição e a compressão da imagem são otimizadas levando em consideração o fluxo de dados e a capacidade do processador.

Para jogos online na web, por exemplo, diversos jogadores acessam o mesmo jogo de diferentes dispositivos, seja um computador, um smartphone, um tablet ou um console. Cada jogador tem acesso à web com a velocidade específica de sua conexão. A interação com o jogo é realizada por meio de apontadores (*pointers*), que são arquivos de texto que indicam as ações que serão processadas diretamente nos servidores onde os jogos estão hospedados. A saída de imagem que é vista no dispositivo de exibição do jogador é do tipo JPEG, enviada na compressão adequada para a velocidade de cada conexão.

Para games executados diretamente nos computadores e consoles, a imagem da saída é determinada pela capacidade do seu processador e o tipo de dispositivo de exibição. Antes de ser exibida, ela é previamente construída no *frame buffer*, uma região da memória grande o suficiente para guardar todos os valores dos pixels da imagem. A imagem final pode vir de diversas fontes e é composta no frame buffer. Essas imagens são compostas em camadas. Cada fonte de imagem é exibida de acordo com o seu canal de transparência para cada pixel e com as transformações geométricas aplicadas (posicionamento, escala, rotação e espelhamento – *flip-flop*). Depois desse processo, ela é enviada para o dispositivo de exibição.

O conceito do frame buffer surgiu na década de 1970 e, desde então, passou por muitas mudanças na forma em que é construído, armazenado e exibido. O primeiro computador pessoal com interface gráfica que utilizava o frame buffer surgiu em 1975. Em 1999, começou a ser comercializada a primeira placa gráfica programável, da NVidia. Isso representou um salto no processamento da imagem em jogos e na computação gráfica. O frame buffer é organizado na forma de uma matriz de pixels.

Os jogos nos consoles PS3, WiiU e Xbox 360 podem ser exibidos em imagens de até 1.080p, isto é, 1.080 linhas, progressivas. As novas gerações PS4 e Xbox One devem melhorar ainda mais esse desempenho, mas a maioria dos jogos é produzida em 720p. Isso acontece porque a saída de um jogo tem a exibição a 60 quadros por segundo ou mais e gráficos muito complexos demandam maior processamento e maior bitrate na saída da imagem. Isso pode impactar a cadência da imagem, isto é, o frame rate; então, reduz-se a resolução espacial.

O processamento das imagens em movimento, isto é, o vídeo, é realizado pela unidade de processamento gráfico (GPU - *graphics processing unit*) e pela unidade central de processamento (CPU - *central processing unit*) da máquina que está executando o jogo. O sistema de processamento de imagens em um computador pode ser esquematizado como mostra a Figura 7.1.

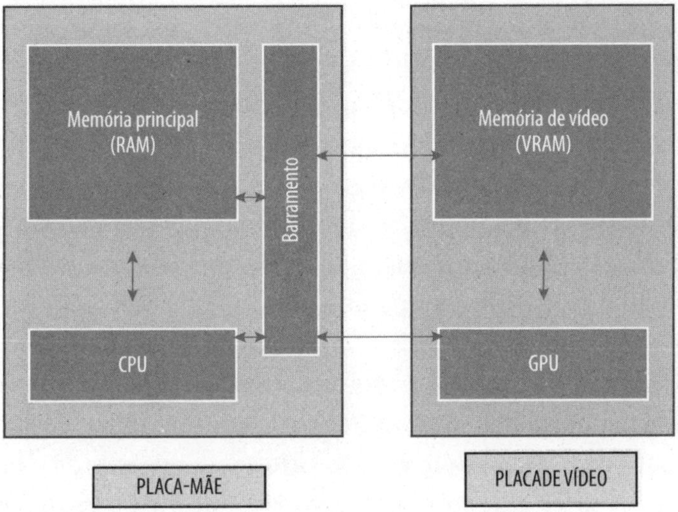

Figura 7.1 – Diagrama com os elementos de hardware que formam a imagem.

A placa gráfica foi desenvolvida para lidar diretamente com os dados da imagem de saída e aumentar a velocidade de processamento de cada frame. A unidade gráfica de processamento (processador gráfico, GPU) tem o hardware projetado para lidar com a imagem e a sua programação, acelerando a velocidade de processamento. Ela trabalha com o hardware e o software tanto para cálculos de operações por pixels quanto para vértices. Com a GPU, a CPU fica livre para executar outras funções. O barramento é o canal de transmissão da informação entre os diferentes componentes do computador. Ele é como o cano de um sistema de reservatórios de água. A capacidade de armazenamento e renovação de cada reservatório e a quantidade de fluxo de água nos canos entre cada elemento determina as melhores condições de funcionamento de todo o sistema.

A memória de vídeo trabalha com o frame buffer. Nele é alocado todo o mapeamento de memória de cada quadro da imagem. A memória de vídeo está conectada diretamente com o dispositivo de exibição da imagem (monitor, projetor etc.).

As imagens exibidas em cada momento nos jogos digitais são resultado de uma série de operações com dados. Basicamente, as imagens são guardadas em dois frames buffers, o back buffer e o front buffer. O *front buffer* é aquele que está sendo exibido. O *back buffer* é o próximo quadro, com a imagem em construção. A forma como esses dois buffers vão sendo intercalados vai depender do software e da máquina. O processo de troca dos buffers pode ser feito ao final de cada loop de programação do jogo ou em cada mudança da tela de exibição, na frequência do monitor. Alguns consoles e computadores utilizam mais de dois back buffers e o processamento paralelo para otimizar as limitações impostas pelo fluxo de dados, a qualidade e a cadência do vídeo.

A imagem exibida no jogo que está sendo executado é resultado de uma combinação do fundo de cena, que é o mundo onde está acontecendo a ação, da movimentação dos personagens, com os seus modelos e animações, dos efeitos aplicados em bitmap (*sprites*) e de outros elementos gráficos. Todas essas imagens são aplicadas simultaneamente em uma pilha de camadas, com a imagem mais por cima da pilha tendo prioridade na exibição. Elas são compostas no back buffer e depois enviadas para o front buffer. Dessa maneira, as imagens vão sendo exibidas à medida que o jogador interage com o jogo.

Em geral, para a criação e o desenvolvimento de um jogo digital, é muito importante o uso de um *game engine*, traduzido para o português como motor de jogo. O game engine é um software ou um conjunto de bibliotecas que simplificam e potencializam o desenvolvimento de jogos e outros aplicativos que precisam exibir gráficos em tempo real. Ele fornece um sistema de construção do game que permite desenvolvê-lo diretamente para os sistemas operacionais dos computadores, consoles ou dispositivos móveis.

O objetivo do engine é agrupar funções fundamentais para o desenvolvimento de jogos, que podem se estender da interação com os periféricos de entrada até a renderização dos cenários e personagens, e executá-las da forma mais econômica possível para o processador, para que as interações e o jogo aconteçam em tempo real. Existem diversos tipos de engines, tanto proprietárias quanto gratuitas, que oferecem funcionalidades específicas, as quais devem ser analisadas pelo desenvolvedor para que atendam às suas demandas de game design. Assim, um motor de jogo pode fornecer as funcionalidades de:

- Um motor gráfico, para renderizar gráficos 2D ou 3D.
- Um motor de física, para simular a física ou simplesmente fazer detecção de colisão.
- Suporte a animação, sons, inteligência artificial, networking, gerência de memória, gerência de arquivos, gerência de linha de execução.
- Suporte a grafos de cena e entidades.
- Suporte a uma linguagem de script.

O game engine também é utilizado no desenvolvimento de outras aplicações interativas além dos jogos, como mostraremos adiante.

7.2. MATCHMOVING

A tradução de matchmoving para o português pode ser "casamento de movimento". O matchmoving é o processo de adicionar elementos gerados por computador em uma cena gravada no mundo real ou o contrário, adicionando elementos do mundo real em uma cena totalmente gerada por computador, como se todos fossem reais e estivessem em cena ao mesmo tempo. Em geral, os elementos e a câmera estão em movimento.

Para se obter a imagem final sem que o efeito seja percebido, a câmera sintética gerada no programa de computador deve ser idêntica à câmera que grava o mundo real. Os parâmetros que devem ser casados são a sua posição no mundo tridimensional e para onde ela está apontando – são, na verdade, seis parâmetros, envolvendo as três coordenadas da posição e o ângulo com relação aos três eixos cartesianos –, a movimentação da câmera, a distância focal e a abertura da lente (Dobbert, 2005).

O profissional que fará o matchmoving em geral deve ir à gravação da cena real para medir a altura da câmera, sua distância aos elementos principais da cena e os parâmetros da lente. A perspectiva gerada pela câmera sintética deve ser igual à da câmera real e os elementos gerados por computador devem ser posicionados com a angulação correta em cena.

A próxima etapa é carregar o vídeo gravado em um software que permita o rastreamento de pontos da imagem, que pode ser o After Effects, o Nuck ou o Inferno, por exemplo. Nesse aplicativo, alguns elementos de cena são selecionados para serem rastreados. Determinam-se as posições desses elementos ao longo do vídeo da cena real gravada, no processo de rastreamento que foi explicado no Capítulo 5. Em geral, os elementos que são rastreados não se movem com relação à cena e estão em diferentes profundidades com relação à câmera. Com os dados da posição 2D desses elementos em cada quadro do vídeo, o software computa a posição da câmera na cena. Todos esses dados, que incluem a câmera animada e a posição 3D dos elementos rastreados, são exportados para um aplicativo de animação 3D, como o Maya ou o Blender.

O técnico ou o artista que está fazendo o matchmoving faz o ajuste fino da câmera sintética no software 3D. Quando ele julgar que os parâmetros estão corretos, aplicará a câmera sintética em uma cena virtual que tenha elementos idênticos à da cena gravada. Novos ajustes finos são realizados. Quando estiver totalmente satisfeito com os parâmetros da câmera sintética, o profissional passará esses dados para os animadores a fim de que estes coloquem essa câmera na cena que está sendo preparada para ser integrada ao vídeo ou filme. Com o canal alfa e máscaras, as cenas podem então ser integradas ou casadas, de modo que tudo pareça ter sido gravado ao mesmo tempo.

A aplicação dessa técnica em tempo real é a origem da realidade aumentada, que será abordada no próximo tópico.

7.3. REALIDADE AUMENTADA

A realidade virtual simula o mundo real ou um mundo imaginário por meio do computador. Em geral, a experiência é visual, com a utilização de óculos 3D ou monitores, e o mundo é construído com a computação gráfica. Algumas aplicações também envolvem, além da imagem, o som, a sensação tátil e odores.

A realidade aumentada, por sua vez, acrescenta elementos gerados por computador ao mundo físico, real. Dessa maneira, a percepção da realidade é expandida pelo computador. Para se obter esse resultado, que geralmente acontece em tempo real, são utilizados recursos de imagem, som, gráficos ou dados gerados pelo *global positioning system* (GPS) e por acelerômetros.

A visão computacional e o processamento digital de imagens são ferramentas utilizadas para produzir a realidade aumentada. Com a detecção de bordas e a segmentação da imagem, o fluxo óptico ou o uso de luzes que mapeiam a cena, é possível conhecer a posição 3D dos elementos em cena e construir uma câmera sintética igual à câmera que está gravando, como no matchmoving, mas em tempo real. As animações e os elementos construídos com a computação gráfica podem então ser introduzidos na cena real utilizando a câmera sintética. Aplicativos ou game engines integrados à exibição da imagem podem enriquecer a experiência, introduzindo a interação e a inteligência artificial ao evento que está sendo transmitido ao vivo. Projetores, monitores, dispositivos móveis ou óculos são usados para a exibição da imagem ao mesmo tempo em que está acontecendo no mundo real.

Exemplos interessantes e recentes da realidade aumentada foram produzidos pelo Departamento de Pesquisa e Desenvolvimento da TV Globo, dirigido pelo engenheiro José Dias. A mesa tática e o campo virtual apresentados pela primeira vez para a Copa das Confederações de 2013, bem como suas atualizações para a Copa do Mundo de Futebol de 2014, utilizam a realidade aumentada como base de desenvolvimento. O tira-teima 3D para lances ocorridos em partidas de futebol exibidas ao vivo foi também desenvolvido por José Dias e sua equipe, e foi o resultado de anos de trabalho em parceria com grupos de pesquisa acadêmica. Os resultados foram apresentados pela primeira vez no final de 2008. A inserção de anúncios e imagens em cenas que estão sendo transmitidas ao vivo, como se estivessem afixados dentro do enquadramento do cenário, com a câmera e os elementos de cena em movimento, foram apresentados pela primeira vez em 2002 e hoje são amplamente utilizados em programas de televisão. Todos esses exemplos utilizam o fluxo óptico, a detecção de bordas, a segmentação da imagem e, muitas vezes, motores de jogos para serem realizados, numa expansão da técnica do matchmoving associada à exibição das cenas virtuais em tempo real.

É interessante observarmos como grupos de pesquisa e de criação que têm interface com a produção audiovisual e as aplicações interativas evoluem na pesquisa com a imagem digital. Os diretores, estúdios e grupos de pesquisa responsáveis por todas as novidades e saltos de qualidade da captura de movimento são praticamente os mesmos nos últimos 20 anos, como vimos no capítulo anterior. O grupo de Dias, na TV Globo, não é exceção, e o programa *Fantástico* de 1983 e 1994, com a utilização pioneira do matchmoving em diferentes estágios, é um exemplo da evolução da *expertise* em linhas de pesquisa com a imagem.

7.4. TRANSFORMAÇÃO DA IMAGEM RASTER EM IMAGEM VETORIAL

O processo de transformação de imagens raster em imagens vetoriais é conhecido como vetorização. Ele é usado, por exemplo, quando se quer expandir a imagem raster sem que haja perda de qualidade ou para dar entrada dos dados na forma vetorial. As suas aplicações estiveram associadas principalmente à fotografia, à construção de mapas e à conversão de desenhos – quando eles são escaneados, transformados em imagem raster e escritos como arquivos para CAD.

Em geral, escolhe-se o formato da imagem raster, que pode ser do tipo JPEG, *Windows bitmap* (BMP), *graphic image format* (GIF), *tagged image format* (TIF) ou *portable network graphics* (PNG), entre outras. Muitas vezes, é necessário o ajuste de contraste e de bordas desfocadas para que o aplicativo possa definir corretamente as linhas das bordas e as superfícies. O software de conversão identifica as bordas, traça as linhas e, por semelhança de morfologia e segmentação, define as superfícies. A saída é feita em um dos formatos de imagem vetorial, isto é, *Windows metafile format* (WMF), *enhanced metafile format* (EMF), *vector markup language* (VML) ou SVG, entre outras escolhas.

Esse processo é conhecido desde o final da década de 1990; a novidade é que estão surgindo, a cada dia, novos exemplos da sua aplicação em tempo real e a expansão da sua utilização associada à visão computacional. Um novo método foi apresentado na Siggraph Asia 2013 (Chen et al., 2013), no qual objetos tridimensionais são gerados a partir de uma única fotografia. Os objetos começam a ser contornados manualmente com linha e, por segmentação e detecção de bordas, são inteiramente contornados, gerando a profundidade por extrusão ou rotação. A limitação é que os objetos devem ser simétricos, mas a malha 3D é imediatamente gerada, o que é um grande avanço na técnica de transformação de imagens rasterizadas em imagens vetoriais.

7.5. KINECT E UM NOVO CAMINHO

O Kinect foi lançado em novembro de 2010 para introduzir uma nova forma de interatividade no console Xbox 360, ambos produtos da Microsoft. A empresa disponibilizou gratuitamente o kit de desenvolvimento em junho de 2011, que permite a qualquer desenvolvedor escrever aplicativos para o Kinect em C++/CLI, C# ou Visual Basic. Uma versão do equipamento para Windows foi lançada em fevereiro de 2012. Com a possiblidade de reconhecimento gestual, facial e de voz, o equipamento tem expandido e popularizado as aplicações de realidade aumentada. O projeto do Kinect foi lançado pela primeira vez em junho de 2009 como Projeto Natal, em homenagem ao brasileiro Alex Kipman, nascido na cidade de Natal, e que dirigiu o desenvolvimento do projeto. A Figura 7.2 mostra uma imagem do sensor.

Figura 7.2 – Sensor Kinect. O círculo à esquerda da fotografia é onde está a fonte de luz no infravermelho; o do meio é a câmera RGB e o da direita é o sensor no infravermelho. A largura do aparelho é para comportar os quatro microfones (http://msdn.microsoft.com/en-us/library/hh438998.aspx).

O Kinect tem uma câmera RGB, um sensor e um emissor a laser no infravermelho e quatro microfones dispostos ao longo da largura do aparelho. O emissor de luz emite diversos feixes de luz modulada e a distância entre os pontos capturada pela câmera no infravermelho permite aferir os dados de profundidade dos objetos na cena. O som capturado pelos quatro microfones permite melhor localização das fontes de som, reconhecimento de voz, cancelamento de eco e supressão de ruído acústico. A câmera RGB possui um filtro de Bayer, descrito no Capítulo 3, e fornece as informações de vídeo. O sensor no infravermelho, em conjunto com a câmera RGB e os feixes de luz emitidos pelo laser, captura os dados de profundidade dos objetos da cena, que são enviados para o processador em outro canal. Os microfones enviam as informações no canal de áudio. Um motor acoplado ao equipamento permite a movimentação de toda a estrutura ao redor do eixo horizontal.

O kit de desenvolvimento do Kinect tem diversas amostras de código e alguns aplicativos, que podem ser expandidos. Entre as aplicações está um rastreador que permite identificar uma pessoa no campo de visão do Kinect e fornecer um esqueleto com vinte articulações, como na Figura 7.3.

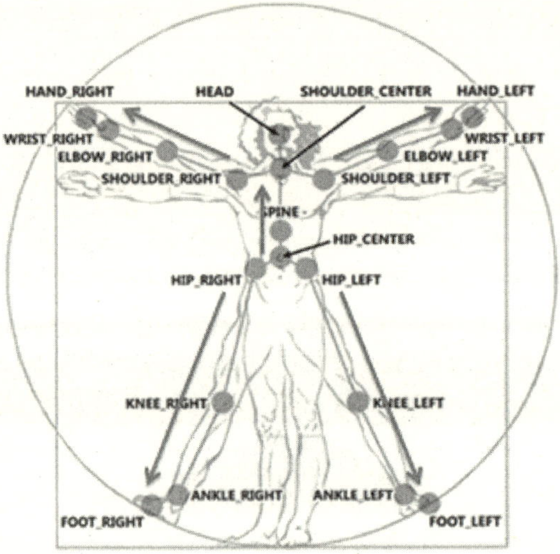

Figura 7.3 – Esqueleto gerado pelo Kinect com 12 pontos

Com isso, é possível desenvolver um sistema próprio de captura de movimento ou integrá-lo a um software já existente, como foi feito com iPi Soft (2013).

O sensor de profundidade permite o desenvolvimento de aplicações de realidade aumentada, como provadores de roupa e de acessórios, como relógios e anéis, por exemplo. O Kinect detecta a pessoa e marcações colocadas em posições do corpo, como uma pulseira de papel, que serve para indicar onde está o acessório virtual. A partir dessa interação, é possível fornecer a imagem da pessoa usando elementos adicionados por computador, como os acessórios descritos, em tempo real.

O reconhecimento gestual e de voz existente em aplicativos que já vêm com o kit de desenvolvimento permite expandir e construir novas aplicações de interação e realidade aumentada. A evolução e o surgimento de novas aplicações importantes com o Kinect têm surpreendido desde o primeiro lançamento do equipamento e do kit de desenvolvimento.

7.6. PERSPECTIVAS PARA PESQUISA E PRODUÇÃO AUDIOVISUAL

A pesquisa e o desenvolvimento de soluções de processamento digital de imagem e de computação gráfica é uma área muito ativa na ciência da computação. Na maioria das vezes, procura-se a colaboração de artistas e técnicos para o desenvolvimento de produtos, de acordo com a demanda do mercado de produção para o audiovisual e jogos digitais. Novas soluções, utilizando conceitos de visão computacional, têm introduzido produtos de nova geração no mercado.

Podem-se citar, como temas atuais de pesquisa, o desenvolvimento de codecs e de sistemas de render mais eficazes, a captura digital de movimento sem marcadores, o rastreamento de movimento em tempo real, o morphing através de modelos escaneados em 3D, os engines para a descrição de radiância e de fenômenos físicos, os softwares de mapeamento de texturas para aplicação em programas de modelagem 3D e métodos mais eficazes e menos destrutivos para a transformação, entre si, das diferentes cadências da imagem digital em movimento, 60i, 24p, 50i, entre outros temas. No mapeamento de texturas, por exemplo, estuda-se a representação de imagens por funções polinomiais em cada pixel, descrevendo os valores de cores, em vez de valores de cores fixas. Isso tem aplicações, entre outras, na melhoria da visualização de objetos em diferentes condições de iluminação e na focalização mais eficiente de objetos. Outro exemplo é o desenvolvimento de engines para a modelagem de fenômenos físicos e texturas complexas de objetos, que tem evoluído rapidamente nos últimos dez anos, como pode ser comprovado pela melhoria da qualidade das animações em filmes e em jogos digitais. A indexação de imagens e sua busca automática a partir da imagem também é uma área que tem se desenvolvido rapidamente e em breve será possível perceber esses avanços pela melhoria da busca de imagens em banco de dados.

A produção e a criação do audiovisual e de jogos têm se beneficiado com a evolução e a ampliação do uso do processamento digital de imagem, da computação gráfica e da visão computacional (Hartley e Zisserman, 2004). As ferramentas disponíveis para os efeitos visuais digitais apresentam alto grau de sofisticação a um custo relativamente baixo. Além disso, novas mídias, como a web, os celulares e os assistentes pessoais digitais, bem como a atualização das mídias tradicionais, como o cinema e a televisão, têm aumentado as possibilidades de emprego de diferentes técnicas, expandindo o mercado para o profissional da área. Isso possibilita a popularização do seu uso por artistas e técnicos os mais variados e para as mais diversificadas aplicações, sendo fundamental o conhecimento teórico para obter resultados de qualidade.

REFERÊNCIAS

ABEL. Robert Abel & Associates. Disponível em: <http://design.osu.edu/

ACADEMY OF MOTION PICTURE ARTS AND SCIENCES. Beste pictures winners. Disponível em: <http://www.oscars.org/awards/academyawards/legacy/best-pictures.html>. Acesso em: 22 set. 2013.

ACADEMY OF MOTION PICTURE ARTS AND SCIENCES. Scientific and technical awards winners. 2009. Disponível em: <http://www.oscars.org/awards/scitech/winners/2009.html>. Acesso em 22 set. 2013.

ALEIJADINHO: paixão, glória e suplício. Direção: Geraldo Santos Pereira. Brasil, 2001.

ANDERSON, J.; ANDERSON, B. The myth of persistence of vision revisited. *Journal of Film and Video*, v. 45, n. 1, p. 3-12, Spring 1993.

ASSOCIAÇÃO BRASILEIRA DE CINEMATOGRAFIA (ABC). Disponível em: <http://www.abcine.org.br>. Acesso em: 22 set. 2013.

carlson/history/tree/abel.html>. Acesso em: 22 set. 2013.

APTINA. History/legacy. Disponível em: <http://www.aptina.com/about/history_legacy.jsp>. Acesso em: 22 set. 2013.

ARRI. 2013, Disponível em: <http://arri.com>. Acesso em 22 set. 2013.

AS AVENTURAS de Pi. Título original: Life of Pi. Direção: Ang Lee. EUA, 2012.

AUTODESK INCORPORATION. Disponível em: <http://www.autodesk.com>. Acesso em: 22 set. 2013.

AVATAR. Direção: James Cameron. EUA, 2009.

AVID. *Avid film composer user's guide*. Avid Technology Inc., 1996. 552p.

AZEVEDO, Eduardo. *Computação gráfica*: teoria e prática. São Paulo: Editora Campus, 2003.

BARBOSA JÚNIOR, A. *Arte da animação, técnica e estética através da história*. São Paulo: Editora Senac, 2002.

BLACKMAGIC. Disponível em: <http://www.blackmagicdesign.com/products>. Acesso em: 15 set. 2013.

BLENDER. Disponível em: <http://www.blender.org>. Acesso em 22 set. 2013.

BRINKMANN, Ron. *The art and science of digital compositing*. New York: Elsevier, 2008.

BROWN UNIVERSITY. Exploratories. Disponível em: <http://www.cs.brown.edu/exploratories/freeSoftware/catalogs/color_theory.html>. Acesso em: 22 set. 2013.

BURUM, S. H. *American Cinematographer Manual*. 7th ed. Hollywood: The ASC Press, 2007. 886p.

CARNEVALE, Rob. A Christmas Carol - Jim Carrey interview. Orange, 6 nov. 2009. Disponível em: <http://web.orange.co.uk/article/film/a-christmas-carol-jim-carrey>. Acesso em: 22 set. 2013.

CHEN, T.; ZHU, Z.; SHAMIR, A.; HU, S.; COHEN-OR, D.
3D-Sweep: extracting editable objects from a single photo. Hong Kong: Siggraph Asia, 2013.

CLARK, R.N. Digital camera sensor performance summary. Disponível em: <http://www.clarkvision.com/articles/digital.sensor.performance.summary>. Acesso em: 15 set. 2013.

CRAFTON, Donald. Before Mickey: The Animated Film, 1898-1928. University of Chicago Press, 1993.

DELICATESSEN. Direção: Marc Caro e Jean-Pierre Jeunet. França, 1991.

DIGITAL VIDEO. Disponível em: <http://www.dv.com>. Acesso em: 22 set. 2013.

DJANGO livre. Título original: Django unchained. Direção: Quentin Tarantino. EUA, 2012.

DOBBERT, T. *Matchmoving*: the invisible art of camera tracking. San Francisco: Sybex, 2005.

EBERT, Carlos. Cor e cinematografia. *ABC*, 1 jun. 2010. Disponível em: <http://abcine.org.br/artigos/?id=114&/cor-e-cinematografia>. Acesso em: 22 set. 2013.

EHRENBERG, Rachel. Square pixel inventor tries to smooth things out. *Wired*, 28 jun. 2010. Disponível em: <http://www.wired.com/wiredscience/2010/06/smoothing-square-pixels/>. Acesso em: 22 set. 2013.

ENCICLOPÉDIA ITAÚ CULTURAL. Artes visuais. Disponível em: <http://www.itaucultural.org.br/aplicexternas/enciclopedia_ic/index.cfm?fuseaction=termos_texto&cd_verbete=5354>. Acesso em: 22 set. 2013.

ENCYCLOPAEDIA BRITANNICA. Perspectiva. Disponível em: <http://global.britannica.com/EBchecked/topic/453061/perspective >. Acesso em: 2013.

FEYNMAN, R. P. The Feynman lectures on physics. USA: The New Millenium Edition, 2013.

FILM DIRECTORS. Making of Terminator 2. Disponível em: <http://filmdirectors.co/james-cameron-filmmaking-techniques/. Acesso em:15 set. 2013.

FLAM, D. L.; QUEIROZ, D. P.; GOMIDE, J. V. B.; ARAÚJO, A. de A. OpenMoCap: an open source software for optical motion capture. In: Proceedings of the BRAZILIAN SYMPOSIUM ON DIGITAL GAMES AND ENTERTAINMENT, VIII, 2009, Rio de Janeiro. Proceedings... Rio de Janeiro, RJ, Brazil. 2009. p. 153-161. Disponível em: <http://laplace.dcc.ufmg.br/npdi/uploads/bd254485-36f0-8d95.pdf>.

FLEISCHER, Richard. *Out of the inkwell*: Max Fleischer and the animation revolution. Kentucky: University Press of Kentucky, 2005.

FORSYTH, D. A.; PONCE, J. *Computer vision*: a modern approach. Prentice Hall, 2002.

FUJI. Discontinuation of motion picture film production. Disponível em: <http://www.fujifilm.com/news/n130402.html>. Acesso em: 15 set. 2013.

GASKIN, Sam. Christopher Doyle interview - Part 2: "Life of Pi" Oscar is an insult to cinematography. *Blouin Artinfo*, 05 mar. 2013. Disponível em: <http://sea.blouinartinfo.com/news/story/874483/christopher-doyle-interview-part-2-life-of-pi-oscar-is-an.> Acesso em: 15 set. 2013.

GOMES, Jonas; VELHO, Luiz. (2003). *Fundamentos de computação gráfica*. Rio de Janeiro: Editora IMPA, 2003.

GOMIDE, J. V. B. Motion capture and performance. *Scene Journal*, v. 1, p. 45/s4-62.

GOMIDE, J. V. B., FLAM D. L.; e ARAÚJO, A. de A. Recent improvements to OpenMoCap and its release to download and to development as free open source software. In: INTERNATIONAL CONFERENCE CINEMA ART, TECHNOLOGY, COMMUNICATION - Avanca, Portugal, 2011. Proceedings... Edições Cine Clube de Avanca, Portugual, 2011. p. 70-77.

GOMIDE, J. V. B.; ARAUJO, A. A. (RAMOS, Maria. Luz, câmera, ação! Invivo. Disponível em: <http://www.invivo.fiocruz.br/cgi/cgilua.exe/sys/start.htm?infoid=864&sid=7>. Acesso em: 22 set. 2013.). Efeitos visuais, uma abordagem a partir do tratamento digital de imagens. *Revista de Informática Teórica e Aplicada*, v. XVI, p. 89-115.

GOMIDE, J. V. B., FLAM, D. L., QUEIROZ, D. P., e ARAÚJO, A. de A. Captura de movimento e animação de personagens em jogos. In: BRAZILLIAN SYMPOSIUM ON DIGITAL GAMES AND ENTERTAINMENT - SBGAMES, 2009, Rio de Janeiro. Disponível em: <http://wwwusers.rdc.puc-rio.br/sbgames/09/_proceedings/dat/index_eng.html>. Acesso em: 22 set. 2013.

GONZALEZ, Rafael C.; WOODS, Richard E. *Processamento digital de imagens*. São Paulo: Pearson Education do Brasil, 2010.

GUERRA nas estrelas: episódio II - Ataque dos clones. Título original: Star Wars: episode II - Atack of the clones. Direção: George Lucas. EUA, 2002.

HARTLEY, Richard; ZISSERMAN, A. *Multiple view geometry in computer vision*. Cambridge: Cambridge University Press, 2004.

IMDb. Academy awards 2013. Disponível em: <http://www.imdb.com/title/tt0454876/awards>. Acesso em: 15 set. 2013a.

IMDb. Christopher Doyle: awards. Disponível em: <http://www.imdb.com/name/nm0236313/awards. Acesso em: 15 set. 2013b.

IMDb. Claudio Miranda. Disponível em: <http://www.imdb.com/name/nm0592073/#Cinematographer. Acesso em: 15 set. 2013c.

INDUSTRIAL LIGHT AND MAGIC. Disponível em: <http://www.ilm.com. Acesso em: 10 set. 2013.

KAUFMAN, D. Film fading to black. Creative Cow. Disponível em: <http://library.creativecow.net/kaufman_debra/magazine_27-Film-Fade-to-Black/1>. Acesso em: 15 set. 2013.

KILDAY, George. Why Oscar snubbed Pixar, 'Tintin' Arthur Christmas for Best Cartoon. *The Hollywood Reporter*, 7 fev. 2012. Disponível em: <http://www.hollywoodreporter.com/news/oscars-cartoon-snub-tintin-arthur-christmas-pixar-287831>. Acesso em 12 set. 2013.

KING Kong. Direção: Merian C. Cooper e Ernest B. Schoedsack. EUA, 1933.

KITAGAWA, M.; WINDSOR, B. *MoCap for artists*: workflow and techniques for motion capture. USA: Focal Press, 2008.

KODAK. Print films. Disponível em: <http://motion.kodak.com/motion/Products/Distribution_And_Exhibition/index.htm. Acesso em: 15 set. 2013.

LE FABULEUX Destin d'Amélie Poulain. Direção: Jean-Pierre Jeunet. França, 2001.

LIVERMAN, Matt. *The animator's motion capture guide*. Hingham, Massachussets: Charles River Media, 2004.

LUCENA JÚNIOR, Alberto. *Arte da animação, técnica e estética através da história*. São Paulo: Senac, 2008.

MALKIEWICZ, K.; MULLEN, M. D. Cinematography. 3th ed. New York: Fireside Book, 2005.

MANVELL, R. e WEIS, E. Motion picture technology. *Encyclopaedia Britannica*. Disponível em: <http://www.britannica.com/EBchecked/topic/394192/motion-picture-technology/52185/Wide-screen-and-stereoscopic-pictures>. Acesso em: 15 set. 2013.

MAREY, E. *Animal mechanism*: a treatise on terrestrial and aerial locomotion. Charleston: Nabu Press, 2010.

MEIRELLES, F. Comunicado interno da produtora O2 Filmes. Veiculado em: 7 jun. 2010.

MENACHE, Alberto. *Understanding motion capture for computer animation and video games*. San Francisco: Morgan Kaufmann Publishers, 2000/2011.

MICROSOFT KINECT. Develop with Kinect for Windows. Disponível em: <www.microsoft.com/en-us/kinectforwindows/develop/. Acesso em: 22 set. 2013.

MOESLUND, T. B. & GRANUM, E. (2001). A survey of computer vision -based hu- man motion capture. Computer Vision and Image Understanding, 81(3):231--268. http://dx.doi.org/10.1006/cviu.2000.0897. 1, 2, 17

MOESLUND, T. B.; HILTON, A. & KRÜGER, V. (2006). A survey of advances in vision-based human motion capture and analysis. Computer Vision and Image Understanding, 104(2):90--126. http://dx.doi.org/10.1016/j.cviu.2006.08.002. 1, 17

MURCH, Walter. *Num piscar de olhos*. Rio de Janeiro: Jorge Zahar Editor, 2004.

MUYBRIDGE, Eadweard. *The male and female figure in motion*: 60 classic photographic sequences. New York, Dover Publications, 1984.

O CURIOSO caso de Benjamin Button. Título original: The Curious Case of Benjamin Button Direção: David Fincher. EUA: 2008.

O SENHOR dos anéis. Título original: The Lord of the Rings. Trilogia. Direção: Peter Jackson. EUA, 2001-2003.

OS NORMAIS. Direção: José Alvarenga Jr. Brasil, 2003.

OSCAR. Disponível em: <http://www.oscars.org/awards/academyawards/>. Acesso em: 15 set. 2013.

PARROT-SHEFFER, C.; TIKKANEN, A. Camera obscura. *Encyclopaedia Britannica*. Disponível em: http://global.britannica.com/EBchecked/topic/90865/cameraobscura. Acesso em: 15 set. 2013.

PEDRINI, H.; SCHWARTZ, W. R. *Análise de imagens digitais*: princípios, algoritmos e aplicações. São Paulo: Thomsom Learning, 2008.

PERKINS, E. S. Human eye. *Encyclopaedia Britannica*. Disponível em: <http://www.britannica.com/EBchecked/topic/1688997/human-eye>. Acesso em: 15 set. 2013.

PINTEAU, P. *Special effects*: an oral history. USA: Harry N. Abrams Publishers, 2004.

PSICOSE. Título original: Psycho. Direção: Alfred Hitchcock. EUA, 1960.

RAMOS, Maria. Luz, câmera, ação! *Invivo*. Disponível em: <http://www.invivo.fiocruz.br/cgi/cgilua.exe/sys/start.htm?infoid=864&sid=7>. Acesso em: 22 set. 2013.

RED. Disponível em: <www.red.com/learn/workflow,>. Acesso em: 15 set. 2013.

REDE GLOBO. *Desejos de mulher* (2002 - 2006).

REDE GLOBO. *Chocolate com pimenta* (2003-2004, 2007).

REDE GLOBO. *Cabocla* (2004, 2008).

RICKITT, Richard. *Special effects, the history and technique*. EUA: Billboard Books, 2007.

ROMANEK, Neal. Inaugural UK digital cinema conference assesses the state of digital cinema. *Screen Daily*, 7 fev. 2013. Disponível em: <http://www.screendaily.com/news/inaugural-uk-digital-cinema-conference-assesses-the-state-of-digital-cinema/5051676.article?blocktitle=ScreenTech&contentID=283,>. Acesso em: 22 set. 2013.

RPM. Disponível em: <http://www.rpm.com.br/>. Acesso em: 22 set. 2013.

SCIENCE DAILY. Neuroscientists find greater complexity in how we perceive motion. 12 dez. 2011. Disponível em: <www.sciencedaily.com/releases/2011/12/111205140404.htm>. Acesso em: 22 set. 2013.

STURMAN, David J. A brief history of motion capture for computer character animation. In: Character Motion Systems, SIGGRAPH, 1994, Florida. *Proceedings*. Florida, 1994.

THOMAS, Frank; JOHNSTON, Ollie. *Disney animation:* the illusion of life. Popular ed. New York: Abbeville Press, 1984.

THR STAFF. THR's director roundtable: Quentin Tarantino says digital projection is driving him toward retirement: it's over (video). *The Hollywood Reporter*, 28 nov. 2012. Disponível em: <http://www.hollywoodreporter.com/news/quentin-tarantino-says-digital-projection-394853>. Acesso em: 22 set. 2013.

THREADS of Destiny. Direção: Rasmus Tirzitis. Suécia (2014)

VIDOCQ. Direção: Pitof. França, 2001.

WETA. Disponível em: <http://www.wetafx.co.nz/>. Acesso em: 22 set. 2013.

W3C, é o Consórcio World Wide Web, que é uma comunidade internacional que desenvolve padrões para a web. No Brasil, o endereço é www.w3c.br.

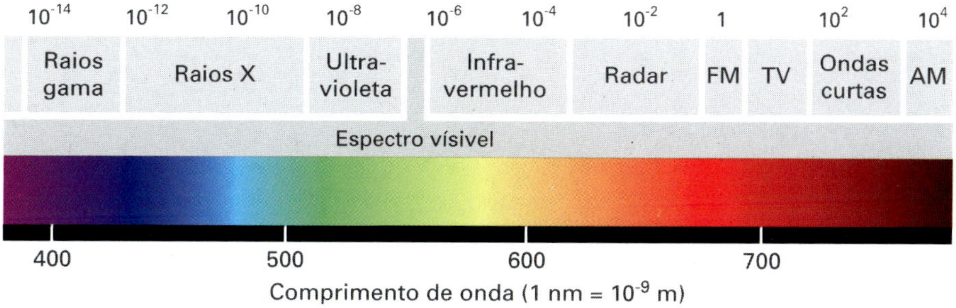

Figura 1 – O espectro eletromagnético, com destaque para a faixa do espectro visível.

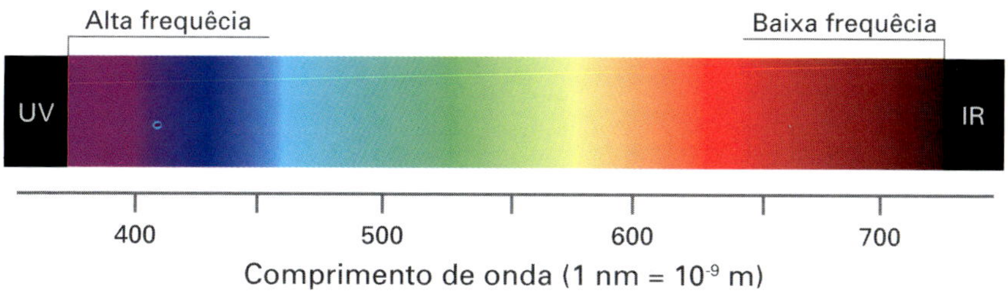

Figura 2 – Espectro visível, do limite do ultravioleta (UV) ao limite do infravermelho (IR).

Figura 3 – As cores primárias: vermelho, verde e azul (RGB).

Figura 4 – As cores secundárias, ciano, amarelo e magenta (CMY).

Figura 5 – Fotografia de uma plantação de tulipas, na parte superior, à esquerda. No centro, a mesma fotografia em tons de cinza e, à direita, sem a cor vermelha. Na parte inferior, sua decomposição nas cores vermelha, verde e azul.

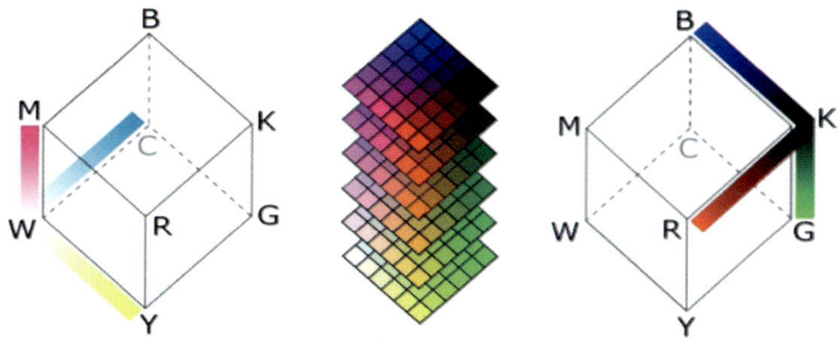

Figura 6 – Cubo de cores com os seus eixos.

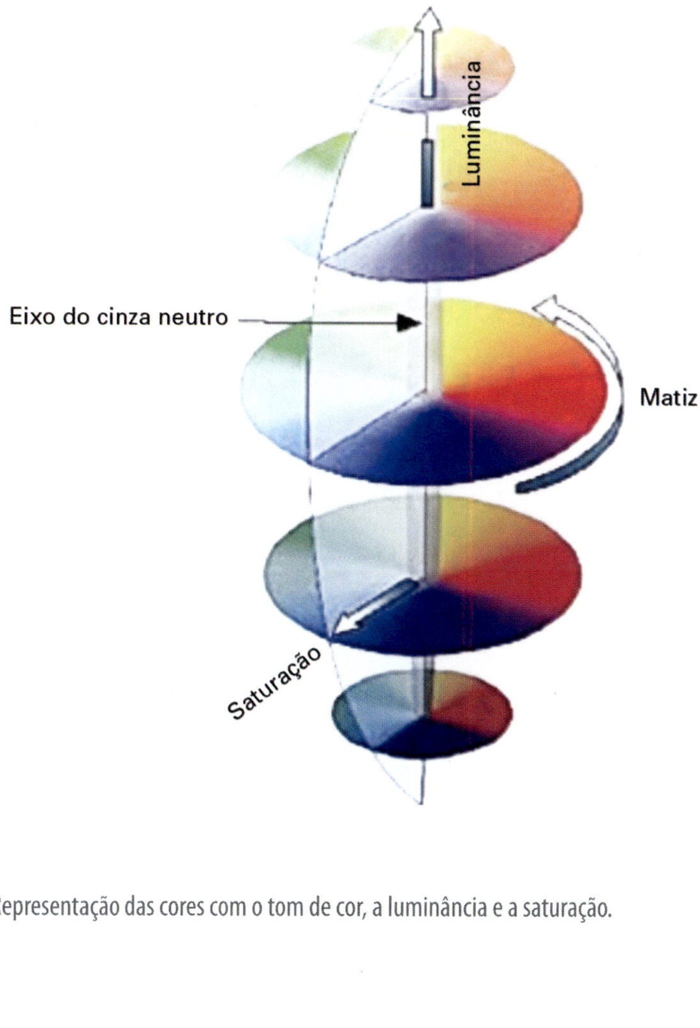

Figura 7 – Representação das cores com o tom de cor, a luminância e a saturação.

Figura 8 – Sistema de representação YUV, que será apresentado no Capítulo 3.

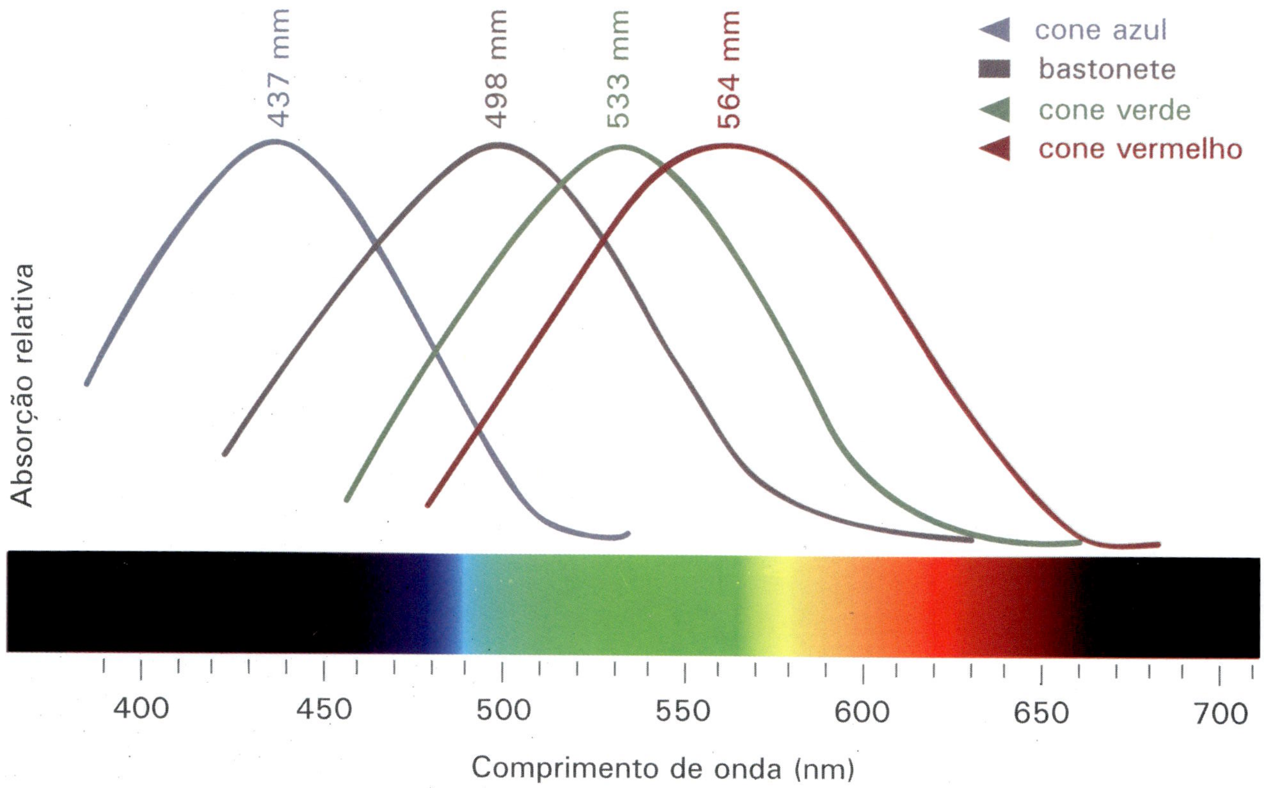

Figura 9 – Regiões de sensibilidade de cada um dos cones e dos bastonetes.

Figura 10 – Aparência da cor vermelha com diferentes fundos coloridos.

Figura 11 – Tabuleiro com as casas A e B marcadas, um cilindro vermelho e sua sombra.

Figura 12 – Tabuleiro com as casas A e B, uma régua cinza, um cilindro vermelho e sua sombra.

Figura 13 – À esquerda, fotografias colorida (A) e em preto e branco (C); à direita, seus negativos (B) e (D), respectivamente.

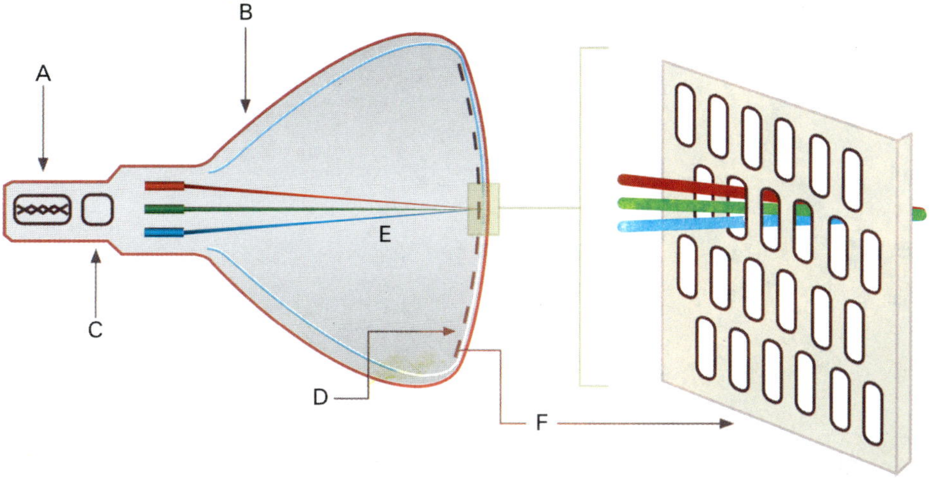

Figura 14 – Corte esquemático de um tubo de televisão, mostrando o detalhe do tubo com fósforo, que colore a imagem ao ser atingido por elétrons.

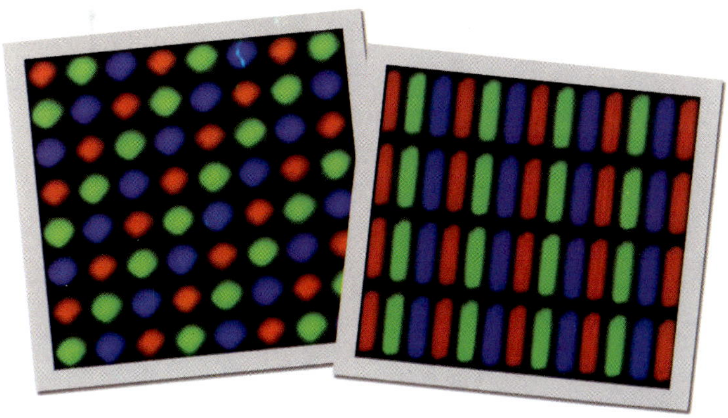

Figura 15 – Estrutura dos pixels de dois monitores LCD, com as cores primárias.

Figura 16 – Componentes ciano, magenta e amarelo de uma fotografia.

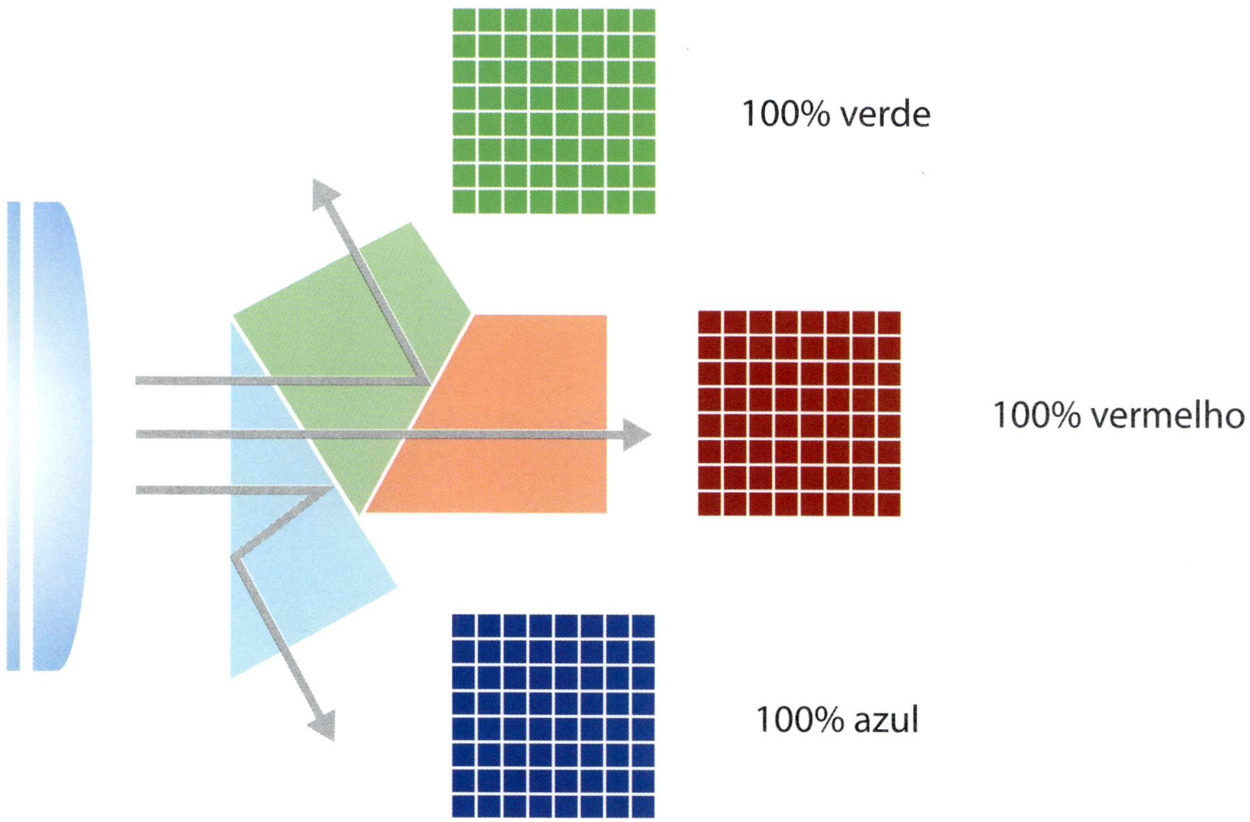

Figura 17 – Diagrama esquemático mostrando a separação da luz pelo prisma após passar pela lente.

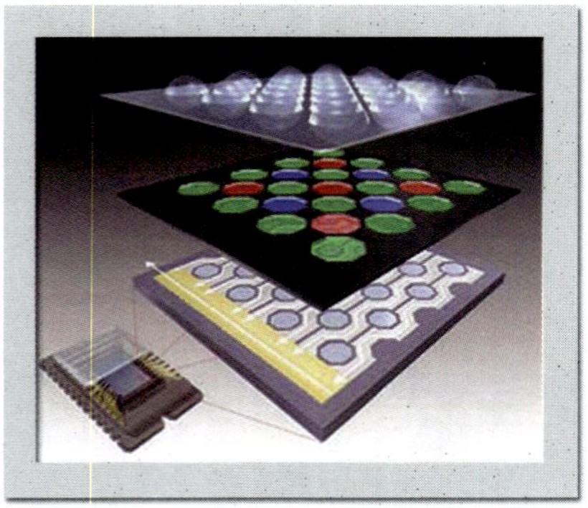

Figura 18 – Diagrama com uma malha de Bayer, à esquerda; distribuição de filtros, à direita.

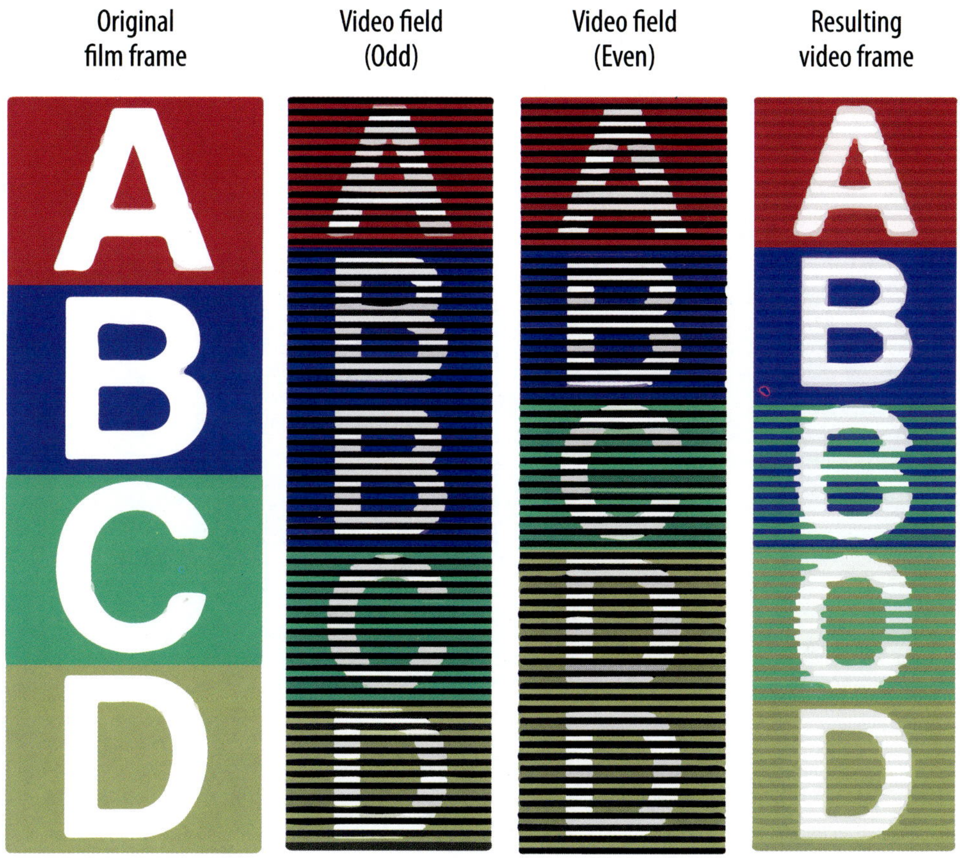

Figura 19 – Esquema de *pulldown*.

Figura 20 – Composição de imagens com canal alfa.

Figura 21 – Imagem colorida decomposta nas componentes RGB, com seus respectivos histogramas.

Figura 22 – Frames da cena com composição digital, rastreamento e chroma key (TV Globo, 2002).